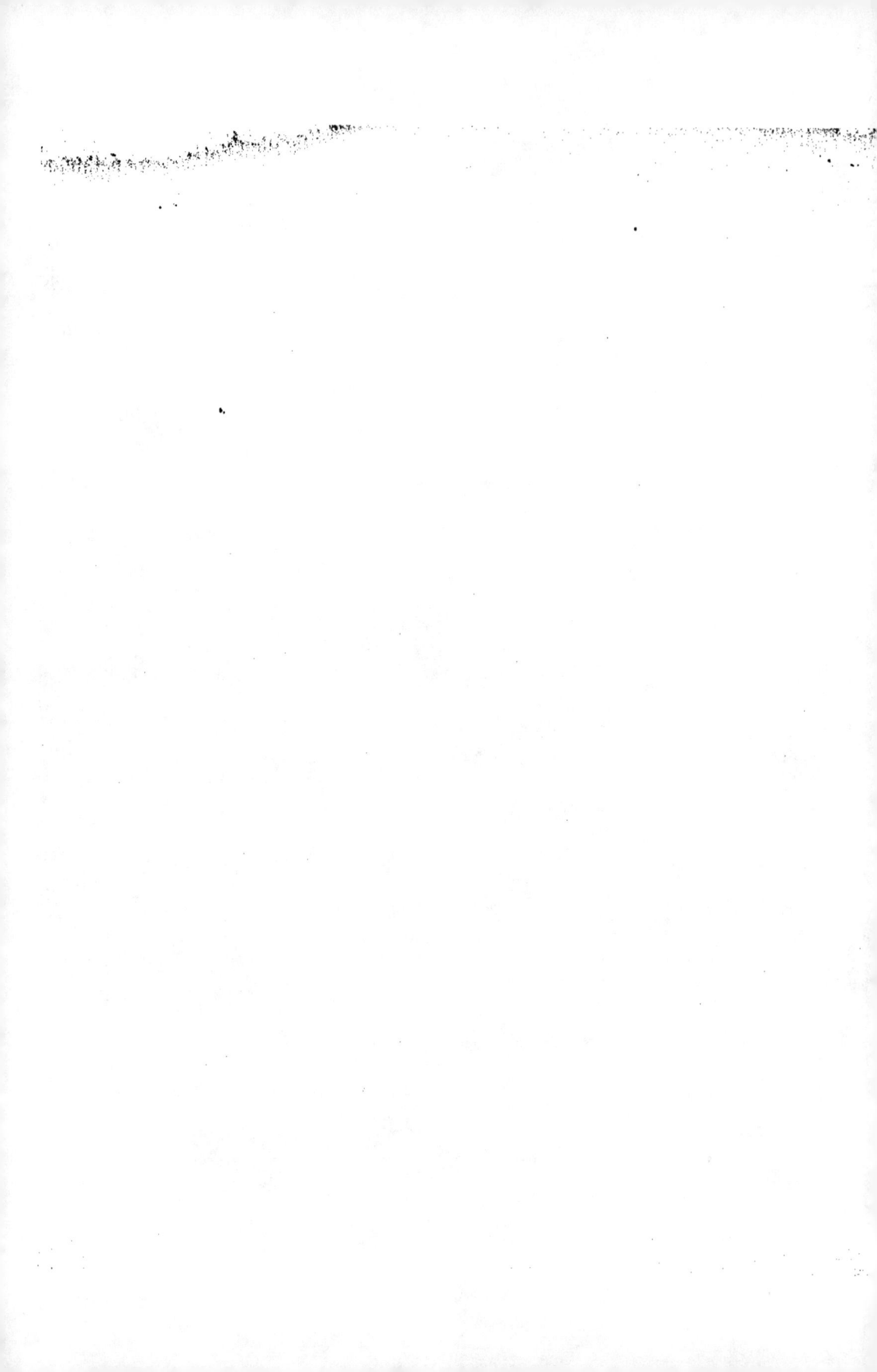

OBSERVATIONS

POUR

SON ALTESSE LE VICE-ROI D'ÉGYPTE.

———————

Au moment où Son Excellence M. le Ministre des Affaires Étrangères de l'Empire Français va s'occuper du différend qui s'est élevé entre Son Altesse le Vice-Roi d'Égypte et MM. Ch. Laffite et Pinard, remis à son autorité suprême, il nous semble utile de lui soumettre quelques observations dont l'objet sera de bien préciser le débat et d'en préparer la solution.

Avant tout, il n'échappera pas à la pénétration de Son Excellence que la question, *prétendue question unique*, posée par MM. Ch. Laffite et Pinard, renferme, en réalité, les cinq questions posées par S. A., avec cette différence vraiment curieuse que, lorsqu'il s'agit de l'interprétation d'un contrat, par conséquent de la question de savoir si ce contrat est ou non violé, nos adversaires, sans s'occuper de cette question préliminaire, la regardent comme résolue en leur faveur, et, partant de cette situation qu'ils se créent, exposent alors les garanties auxquelles ils prétendent avoir droit. C'est, ce nous semble, se placer sur un terrain choisi, élevé, d'où l'on défie son adversaire sans lui permettre la défense.

M. le Ministre voudra, sans aucun doute, avant de prononcer une décision sur leurs prétentions, résultant de la violation du traité, statuer d'abord sur cette question préalable : « le traité du 17 juillet 1860 « a-t-il été violé? » C'est la première que nous posons en ces termes :

1862 1

« Son Altesse a-t-elle eu le droit, en présence du traité du 17 juillet 1860, d'émettre des Serghis ? »

Pour que cette question soit bien élucidée, il faut d'abord faire connaître l'origine du traité, dire ensuite sa première rédaction, telle que le Vice-Roi l'avait approuvée, faire connaître enfin la rédaction définitive, telle qu'elle se présente aujourd'hui. L'intention du Vice-Roi sera, dès lors, facile à reconnaître, et le traité d'autant plus facile à apprécier, que toutes les raisons politiques et d'administration concourent à soutenir la défense du Vice-Roi, dont la loyauté ressort de toutes les circonstances.

ORIGINE DU TRAITÉ.

Les négociants Européens, établis en Égypte, avaient proposé à S. A. certains projets d'emprunt, destinés à sortir le pays de ses embarras financiers ; ils avaient fait des ouvertures à certains capitalistes français et anglais, à certains établissements de crédit, notamment au comptoir d'escompte. Draneht Bey était parfaitement au courant de ces circonstances, mais il savait aussi, sans pouvoir se l'expliquer, que ces projets n'avaient pas eu de suite.

Sans aucune mission, mais bien certain de n'encourir aucun reproche, il prit sur lui d'aller au comptoir d'escompte pour y recueillir des renseignements positifs.

Il trouva dans leurs cabinets les deux directeurs de cet établissement, MM. Pinard et Biesta ; l'accueil qu'il reçut fut plein de prévenance et de politesse : ils lui dirent que le comptoir d'escompte était tout disposé à faire un prêt à l'Égypte, et cette ouverture fut faite avec un empressement si honorable pour S. A. que, séance tenante, les conditions en furent débattues, même arrêtées. Draneht Bey déclara que, venu à Paris pour un objet spécial, il n'avait aucune mission pour traiter un emprunt ; mais il n'hésita pas à dire que, connaissant les besoins et les intentions du Vice-Roi, il avait tout lieu d'espérer la ratification du traité dont on venait d'arrêter les bases.

Par cela même que Draneht Bey n'était pas autorisé à traiter, il ne pouvait prendre aucun engagement personnel, et le comptoir d'escompte ne pouvait être définitivement lié. Il fut donc convenu que Draneht Bey porterait immédiatement à S. A. le projet qui avait la date du 25 avril (pièce n° 1), et que le comptoir (dont le directeur M. Pinard écrivit une lettre accompagnant le projet) resterait engagé dans ces termes jusqu'au 25 mai.

La lettre (pièce n° 2), qui transmettait à Draneht Bey le projet de contrat, renferme les expressions les plus sympathiques pour le Gouvernement de S. A. Chose remarquable ! elle revient jusqu'à trois fois sur cette pensée que S. A. *n'émettra pas de nouveaux bons du trésor*, et, en la ramenant la dernière fois, l'écrivain ajoute : « Je ne craindrais pas d'engager notre compagnie à élever la somme prêtée au niveau des besoins de S. A., pour qu'elle donnât au public et à nous-mêmes des sécurités qui nous paraissent indispensables. »

Enfin, la lettre se termine par les offres les plus positives et les plus nettes, tout ce qu'il fallait pour engager le Vice-Roi à signer le traité, et, cependant, aucun état des finances Égyptiennes n'avait été demandé par le comptoir d'escompte. Un simple prêt de 28 millions n'était pas alors, aux yeux de son directeur, une affaire si considérable, qu'elle exigeât la connaissance exacte de la situation financière de S. A. que l'on appelait, par des propositions si pleines de courtoisie, à se mettre, pour ses opérations financières, en rapport intime avec l'honorable établissement que dirigeait M. Pinard.

PREMIÈRE RÉDACTION DU TRAITÉ.

S. A. accepta le traité dans la rédaction proposée par le Directeur du comptoir d'escompte, arrêtée entre lui et Draneht Bey (pièce n° 1). Que Son Excellence veuille bien en lire les termes et se demander si, même en l'absence de la lettre du 25 avril (n° 2) qui ne laisse aucun doute sur le droit du Vice-Roi, il peut résulter d'une expression quelconque de cette convention acceptée par le Vice-Roi, l'interdiction d'émettre des bons du trésor pour parer à des besoins nouveaux, dont la nécessité se serait fait sentir à l'administration.

Et voilà cependant l'origine du traité, la première rédaction du traité ! On n'avait pas la pensée d'élever, même pour de nouvelles émissions de bons du trésor, un obstacle quelconque.

Arrivons à la rédaction définitive.

DEUXIÈME RÉDACTION DU TRAITÉ.

Elle est contenue dans la convention qui porte la date du 17 juillet, avec la ratification du Vice-Roi, donnée le 30 (pièce n° 3).

Son Excellence peut y voir qu'aucune interdiction absolue d'émission *de bons du trésor, qu'aucune interdiction d'emprunt quelconque n'est écrite dans aucun des neuf articles de la convention définitive;* il n'est pas même question d'UNE INTERDICTION ABSOLUE *d'émettre des bons du trésor;* seulement « S. A. s'interdit de faire aucune autre émission de bons du trésor jusqu'à « ce que ceux en circulation soient réduits par remboursement à 10 mil- « lions de francs. Si pourtant des circonstances, dont S. A. reste seule « juge, rendaient nécessaire une nouvelle *émission de bons du trésor,* le « Vice-Roi pourrait en émettre pour 10 millions de plus, *en confiant la* « *négociation de ces nouveaux bons à MM. Ch. Laffitte et Compagnie,* par pré- « férence à tous autres, aux conditions qui seront alors arrêtées d'un com- « mun accord. »

Il n'est pas besoin d'ajouter que cette négociation, par voie de préfé-rence, avait lieu dans l'intérêt de la maison de banque Ch. Laffitte, qui souscrivait le traité, dans lequel intervenait le Directeur du comptoir d'Es-compte, soumettant le comptoir à toutes les clauses qui le concernent dans la convention.

Du reste, répétons-le, pas une clause qui impose au Vice-Roi l'obliga-tion de n'émettre aucune autre valeur, de ne faire aucun autre emprunt : comment le Vice-Roi aurait-il consenti à rendre impossible, dans un cas donné, l'administration de son État, le développement de sa situation financière?

Mais dans le préambule se trouve le paragraphe que voici :

« Le gouvernement de S. A. Saïd Pacha, Vice-Roi d'Égypte, DÉSIRANT

« RÉDUIRE LE CHIFFRE DE SA DETTE FLOTTANTE, a résolu de négocier des
« bons du Trésor Égyptien à concurrence d'une somme de 28 millions de
« francs, et *d'affecter le net produit de la négociation de ces bons au rem-*
« *boursement de ceux actuellement en circulation.* »

Il faut expliquer ici l'insertion de cette phrase dans le préambule.

Son Excellence, en arrêtant un moment son attention sur ce qui précède,
aura vu que, dans l'origine, il n'avait pas été question, entre Draneht Bey
et le comptoir, des intentions du Vice-Roi, en ce qui concernait sa dette
flottante, mais simplement d'un emprunt de 28 millions que S. A. devait
faire escompter en bons du trésor à 9 pour 100, et même si S. A., après
réduction à 10 millions de ses bons du trésor en circulation, voulait, pour
de nouveaux besoins, émettre jusqu'à 10 millions de nouveaux bons du
trésor, on ne lui contestait pas son droit : seulement il en devait confier la
négociation à M. Charles Laffite, par préférence à tous autres.

Voilà ce qu'on a proposé au Vice-Roi, ce qu'il a accepté.

Quand il s'est agi de la rédaction définitive, le contrat dressé à Paris a
mis, *dans le préambule,* que le Vice-Roi désirant réduire sa dette flottante,
avait résolu de négocier des bons du trésor pour 28 millions et affecte-
rait le net produit de la négociation à rembourser les bons du trésor en
circulation. Mais qu'est-ce que ce préambule a changé au contrat lui-
même? Absolument rien. Il n'imposait aucun engagement au Vice-Roi.
Un motif purement politique le dicta. Si l'emprunt de 28 millions n'avait
d'autre objet que d'éteindre d'autant les bons du trésor déjà en circulation, ce n'était pas une augmentation de la dette, et Sa Hautesse le Sultan n'avait pas même à être consulté. Cette convention, qui n'était pas
d'ailleurs d'une grande importance, ne changeait que d'une manière favorable la situation financière du Vice-Roi, elle bonifiait les conditions de l'intérêt qui se payait à 9 pour 100 au lieu de 16. Le préambule n'eut pas
d'autre motif.

Cependant les prêteurs firent une demande à laquelle S. A. ne pouvait
souscrire. Les bons du trésor étaient conçus dans des termes dont Son
Excellence voudra bien prendre connaissance (pièce n° 4). Ils étaient donc
payables en Égypte. MM. Ch. Laffite et Pinard voulaient que les bons à

leur remettre fussent payables à Paris; ils demandaient aussi *qu'on y men-tionnât une affectation sur les revenus de la Douane.* Que Son Excellence daigne prendre connaissance de la rédaction réclamée par MM. Ch. Laffite et Pinard, des bons du trésor qui leur seraient remis (pièce n° 5).

Si de pareils bons avaient été négociés, ils auraient primé tous les autres bons en circulation et fait à leurs porteurs une situation bien inférieure. Après examen, Draneht Bey, qui avait été mandé à Alexandrie pour arrê-ter le contrat définitif, consentit à cette demande, mais sous la condition expresse que les bons à remettre à l'escompte *resteraient en dépôt* jusqu'à leur échéance et ne pourraient dès lors être négociés.

C'est en présence des faits ainsi établis et de ces premières considéra-tions qu'il faut examiner les questions de ce débat.

La première, la plus importante, dont nos adversaires ne daignent pas même s'occuper, est celle-ci :

PREMIÈRE QUESTION.—*Le Prince a-t-il violé le traité du 18 juillet 1860 en créant des serghis ?*

Il faut pourtant examiner avant tout le fait qui sert de base à la pré-tendue violation du contrat. S. A., qui avait pris envers les Directeurs de l'entreprise de l'isthme de Suez des engagements considérables, manquait de ressources immédiates pour les remplir. Puisqu'on employait à l'amor-tissement des bons du trésor en circulation le net produit de la négociation des bons du trésor qu'escomptait le comptoir d'escompte, on se ravissait à soi-même la possibilité d'utiliser ailleurs les fonds que l'on se procurait ainsi. Le papier d'État d'Égypte est de diverses natures; les bons du trésor y sont de date récente; ils ne remontent pas à plus de trois ans. Ils ont eu pour objet de payer les dettes de l'État qui, sous Méhémet Aly, se formè-rent lors des guerres de Syrie et d'Arabie, et s'élevèrent à plus de 100 millions, attestés par des titres de diverses sortes. Le bon du trésor, titre à ordre, se négociant par simple endossement, payable au porteur, était une merveilleuse ressource, le Prince l'employa largement, à cause de la fa-cilité même du placement. D'autre part, des titres divers, à diverses échéances, avaient été souscrits par S. A., notamment 84 millions pour sa part dans les actions de Suez, payables à des échéances échelonnées. M. de Lesseps, dans son assemblée générale do mai 1860, pendant que

Draneht Bey soumettait au Vice-Roi le projet de traité, avait annoncé cette dette si honorable de S. A. que le comptoir d'escompte et MM. Ch. Laffite et Compagnie connaissaient fort bien. Ils avaient à peine fait leur second versement, et déjà ils remettaient, le 2 octobre 1860, une note (pièce n° 6) qui fournit à la défense de S. A. des arguments décisifs. 1° Ils connaissaient parfaitement l'état financier de l'Égypte. 2° Ils proposaient au Prince la voie de l'emprunt et d'une dette inscrite consolidée. Pour les esprits habitués aux affaires, cette note, qui donna au Vice-Roi la meilleure opinion de ceux qui la lui adressaient, fournit la mesure de la prétention élevée aujourd'hui contre S. A.

Quand l'opération des versements des 28 millions fut terminée, le 20 décembre 1860, une nouvelle note (pièce n° 7) fut remise à Draneht Bey, qui la porta lui-même au Vice-Roi; cette note insistait, avec un développement fort court mais de la plus grande clarté, sur l'établissement de la dette inscrite et consolidée, à substituer à la dette flottante, opération qui semblait facile par l'émission de titres de rentes 6 pour 100 consolidés, à un cours qui en permît le placement en France et en Angleterre; nos adversaires actuels, se posant en amis dévoués, offraient leur entier concours, que S. A. s'empressa d'accepter.

C'est en attendant la réalisation de ce plan qu'eut lieu l'*émission des serghis*.

Voici comment on a trouvé dans cette émission le prétexte aux débats actuels :

« Usant de son droit souverain (nous prenons ce récit dans une consul-
« tation délibérée par M° Crémieux, avec l'adhésion de M° Jules Favre),
« et pour subvenir aux besoins de l'administration de ses États, le Vice-
« Roi émit une certaine quantité de serghis. Les serghis sont des titres
« *nominatifs, non transmissibles par voie d'endossement, et qui ne se trans-*
« *mettent que par voie de transfert, avec l'attache du ministre des finances,*
« à la différence des bons du trésor qui, on le sait, *sont de véritables billets*
« *à ordre, ou au porteur,* qui se transmettent *par voie d'endossement, ou de*
« *la main à la main.*

« Au mois d'avril 1861, Draneht Bey recevait à Paris une lettre signée
« de MM. Ch. Laffite et Pinard, sous une forme très-polie; ils se plai-

« gnaient de l'émission des serghis et faisaient pressentir, dès cet instant,
« les prétentions qu'ils élèvent aujourd'hui. Par cela même, il importe
« de transcrire les passages les plus saillants de cette même lettre.

« Après avoir énoncé qu'au jour du traité la dette flottante égyptienne
« s'élevait à 110 millions de francs, composée de bons du trésor en cir-
« culation à des échéances mensuelles échelonnées jusqu'en 1863, et de
« deux autres natures de créances, les signataires de la lettre s'expri-
« maient ainsi :

« Aux termes du traité, le net produit de la négociation des nouveaux
« bons devait être affecté au remboursement de ceux en circulation, et S.
« A. le Vice-Roi s'interdisait formellement, par l'article 7, de faire au-
« cune autre émission, jusqu'à ce que l'importance de ces derniers bons
« fût réduite à 10 millions de francs. »

« Ici, la lettre transcrit en quelque sorte l'article 7, puis elle ajoute
« que les renseignements obtenus ont fait connaître que les fonds prove-
« nant de la négociation des 28 millions de bons escomptés par MM. Ch.
« Laffite et Pinard *auraient reçu, en grande partie, un autre emploi que*
« *celui auquel ils avaient été destinés;* que pour faire face à de nouveaux
« besoins et pourvoir en même temps aux remboursements successifs des
« bons en circulation, le gouvernement égyptien aurait été dans la néces-
« sité d'émettre, *sous le nom de serghis ou sannad*, des obligations à ordre,
« à des échéances variant de trois à vingt-sept mois; qu'enfin, ces
« émissions auraient eu pour résultat *de déprécier les anciens bons, dont*
« *le taux d'escompte se serait élevé à 11 et demi et 12 pour 100,* et de
« *porter le chiffre de la dette flottante de l'Égypte de 110 millions à 120*
« *millions de francs.*

« Les signataires voient dans ces faits une grave infraction à l'esprit et
« à la lettre du traité.

« On ne peut en effet méconnaître, disent-ils, *qu'une émission d'obliga-*
« *tions à ordre,* réalisée en dehors des circonstances exceptionnelles, dont
« l'appréciation avait été laissée à S. A. le Vice-Roi, ne soit en réalité *un*
« *emprunt nouveau contracté par le Gouvernement égyptien,* CONTRAIREMENT
« A L'INTERDICTION PORTÉE PAR L'ARTICLE 7 DU TRAITÉ.

« Il est également incontestable que cet emprunt, quelle que soit d'ail-

« leurs la forme sous laquelle il a été émis, porterait aux intérêts de
« MM. Ch. Laffite et Compagnie et du comptoir d'escompte un préjudice
« considérable ; car, *en augmentant le chiffre de la dette flottante, il aurait*
« *pour résultat de diminuer les garanties*, sur le maintien desquelles ils ont
« dû légitimement compter, *et de faire peser sur les bons par eux négo-*
« *ciés une dépréciation importante, qui se traduirait nécessairement par une*
« *élévation notable du* taux de l'intérêt de ces valeurs. »

Ainsi, pour avoir emprunté 28 millions qui se réduisent par l'escompte
à 20,442,625 fr., produit net, que le Vice-Roi *désirait* employer à
réduire d'autant les bons du trésor en circulation, devant une dette de 20
millions, le gouvernement du Vice-Roi d'Égypte aurait aliéné sa liberté
d'action dans les finances, c'est-à-dire se serait mis en interdit et aurait
livré son existence d'État aux mains du Comptoir d'escompte de Paris, et
de MM. Ch. Laffite et Compagnie !

« Il est difficile, reprend la consultation, de mettre dans ces rapports
« des finances qui touchent aux intérêts les plus immédiats d'un gouver-
« nement et d'un prince, plus de loyauté, plus d'abandon qu'en a montré
« le Vice-Roi d'Egypte. Toutes les explications possibles furent données
« à la maison Ch. Laffite et Compagnie, et le Vice-Roi qui avait incontes-
« tablement le droit d'émettre des serghis, comme nous le verrons plus
« tard, ne laissa rien à désirer dans les explications qu'il s'empressa de
« donner sur sa situation financière.

« Mais ces communications, faites à ses prêteurs par le Vice-Roi, en
« témoignant du vif désir qu'avait S. A. de ne pas manquer à ses engage-
« ments et de ne pas même laisser place à un soupçon blessant pour son hon-
« neur et sa dignité, firent naître la pensée d'une opération bien autrement
« importante et que MM. Laffite et Pinard développèrent dans leur note
« du 26 juin ; opération immense dont les résultats pouvaie- être, pour les
« finances de l'Egypte, d'un avantage décisif ; mais les r flexions dont la
« proposition était précédée la présentaient en quelque sorte au Vice-
« Roi, comme une réparation de la violation de son premier contrat et
« certaines conditions de surveillance la rendaient difficiles à accepter.

« Elles devaient blesser toutes les susceptibilités du Vice-Roi ; elles
« présentaient d'ailleurs les prétendus droits de ses cocontractants comme

« incontestables ; et, s'ils consentaient à modifier un contrat dont la
« violation rendait le remboursement intégral immédiatement exigible,
« c'était par leur désir d'éviter l'éclat d'une discussion publique. »

Nous avons cru devoir prendre, dans la consultation, ces passages qui
nous amènent à la question que nous avions posée, la première à résoudre.

« Le Vice-Roi a-t-il violé la convention du 17 juillet en émettant des
« serghis ? »

Dans la consultation, la question avait été posée en termes plus déve-
loppés ; elle était ainsi conçue :

« Le renouvellement entre les mains des porteurs actuels des bons du
« trésor et des serghis peut-il avoir lieu sans porter atteinte aux droits
« actuels du Comptoir d'escompte et de MM. Laffitte et Compagnie ? »

Sur la première partie de la question, c'est-à-dire *sur le renouvellement
des bons du trésor* aux mains des porteurs, les deux avocats du Vice-Roi
n'ont pas été d'accord. M⁰ Crémieux, rédacteur de la consultation, soutient
que, si le Vice-Roi voulait renouveler, c'est-dire proroger les échéances des
bons du Trésor en circulation, le traité ne lui en interdisait pas le droit.
M⁰ Jules Favre est d'un avis contraire. *Mais le renouvellement des bons du
trésor n'est qu'une prévision, non un fait,* PUISQU'ON N'A POINT RENOUVELÉ.
La divergence d'opinion sur ce point montre avec quelle consciencieuse
indépendance les deux avocats ont donné leur avis.

Tous les deux sont d'accord sur la question réduite aux termes actuels,
sur *le droit d'émettre des serghis* (pièce n⁰ 8), d'en proroger les échéances ;
il suffira donc de mettre sous les yeux de Son Excellence, l'avis même des
deux jurisconsultes.

« Traitons maintenant la question relative aux serghis.

« Les serghis ont été émis postérieurement au traité du 17 juillet 1860.

« Partant de là, ne serait-on pas bien fondé à dire que cette émission, qui
« est contraire à l'article 7 du contrat et qui n'aurait pas dû être faite, ne
« doit pas, à *fortiori,* être prorogée par voie de renouvellement ? Oui, sans
« doute, s'il s'agissait de bons de trésor ; mais bons du trésor et serghis
« sont deux titres parfaitement distincts ; *et autant l'article 7 est prohibitif
« quant aux uns, autant il est muet quant aux autres.* Les bons du trésor sont

« des valeurs négociables par voie d'endossement ; les serghis ne se négo-
« cient que par voie de transfert, déclaré au ministère des finances
« égyptiennes, et porté sur les registres officiels ; d'où il suit que les pre-
« miers constituent un titre commercial, les seconds, en quelque sorte, un
« titre civil. Les premiers sont des titres au porteur, papier qui se change
« en monnaie instantanément et par une simple apposition de signature ;
« les seconds sont des titres nominatifs, difficiles par cela même à
« transmettre, et qui doivent, dans la transmission, porter le nom du
« cessionnaire. Et comme ces transferts ne peuvent avoir lieu qu'au siége
« même de l'Etat, c'est-à-dire au ministère même, il en résulte que les
« serghis sont des titres purement locaux, ne sortant pas d'Egypte, et ne
« pouvant dès lors faire aucune concurrence aux bons du trésor, titres
« universels qui se répandent dans toutes les contrées sans aucune for-
« malité. En fait, on conçoit fort bien que le Comptoir d'escompte ait
« voulu interdire l'émission de nouveaux bons du trésor, car le gouverne-
« ment possède par là une planche sur laquelle il peut tirer secrètement
« des titres à l'infini, à cause de la facilité du placement. Pour les serghis,
« titres non négociables par voie d'endossement, titres locaux, il n'y a
« qu'un débouché forcément très-restreint : la raison s'accorde ici avec la
« lettre du traité pour faire comprendre qu'on ne peut pas étendre à
« de tels titres la prohibition de l'article 7.

« Supposons au lieu d'un Gouvernement un commerçant traitant avec un
« banquier. Le banquier ouvre un crédit au commerçant, à la condition
« que celui-ci ne créera de titres commerciaux, billets ou lettres de change,
« que jusqu'à concurrence de telle somme. En dehors de cette somme, le
« commerçant emprunte à un ami snr simple reçu ou sur hypothèque. Le
« banquier peut-il prétendre que le commerçant a manqué à ses engage-
« ments? Évidemment non, mais ce qu'il ne pourrait pas contre un commer-
« çant, comment le pourrait-il contre S. A. ? Voilà le droit, le droit incon-
« testable. Et cependant nous lisons dans le projet intitulé : *Bases de la*
« *convention à intervenir ; les phrases suivantes :*

« Le gouvernement Égyptien mis en demeure d'indemniser le comptoir
« d'escompte à raison de l'émission des Serghis, *émission qu'il s'était inter-*
« *dite, fait observer :*

« *Qu'il reconnaît avoir affaibli par cette émission la garantie* du comptoir
« et qu'il réparera amplement ce préjudice :

« *1° En lui assignant pour surcroît de garantie* les revenus d'une province
« de l'Égypte à titre spécial ;

« *2° En lui réservant le bénéfice qu'il doit tirer du nouvel emprunt ;*

« *3° En allouant au comptoir* une prime de 3 pour 100 sur les 28 mil-
« lions à rembourser, soit 840,000 francs.

« Le gouvernement du Vice-Roi a montré dans cette note un esprit de
« conciliation au-dessus de tout éloge. Le comptoir d'escompte le sommant
« de l'indemniser, prétendant qu'il s'était interdit l'émission des Serghis,
« le Vice-Roi n'aurait pas admis une pareille prétention ; mais au moment
« où il espérait conclure un grand traité de finance, il reconnaissait qu'il
« avait affaibli les garanties et proposait 840,000 francs de bénéfice comme
« une ample réparation du préjudice prétendu. Cette large concession, qui
« n'était pas faite d'ailleurs aux dépens de son droit, montre, mieux que nos
« paroles, l'esprit dont le Vice-Roi était animé, et qu'il a conservé jusqu'au
« dernier instant, devant une résistance qui ne se comprend plus en pré-
« sence de tant de bonne volonté.

« Et remarquez ici que le Vice-Roi écrivait ces concessions dans des
« contre-propositions qui n'ont pas été acceptées. Les adversaires les ont
« refusées. La bienveillance du Vice-Roi n'a pas abouti. Les prétentions se
« sont élevées à mesure des concessions. Alors les contre-propositions ont
« été retirées et rien n'est resté de cet écrit intitulé : *Bases de la convention*
« *à intervenir*, etc. Et c'est dans cet écrit que MM. Ch. Laffite et Pinard
« prennent aujourd'hui des paroles qu'ils opposent comme un aveu. Le
« Vice-Roi leur disait : Vous prétendez que je n'avais pas le droit d'émettre
« des Serghis, soit ; que j'ai affaibli ces garanties, soit : mais voici que par
« la consolidation de ma dette entière, je vais vous céder les revenus d'une
« riche province (du Delta); vous aurez le bénéfice du nouvel emprunt et
« je consens, en *présence de l'avantage que je devrai au nouveau système*
« *financier que je vais suivre*, à vous donner 3 pour 100 sur les 28 millions;
« certes, vous devez être satisfaits. Tout cela bien entendu se combine avec
« l'emprunt nécessaire pour toute la dette: *des concessions faites pour des*
« *avantages à retirer*. Mais quand vous rejetez les contre-propositions, elles

« s'évanouissent. Nous sommes remis au même état que si elles n'avaient
« pas été écrites. Chaque partie reprend sa position. Et nous demandons
« aujourd'hui à son Excellence, en présence de l'article 7 du traité, s'il est
« possible, quand nous débattons nos droits devant sa justice, de nous op-
« poser ce que nous avions consenti dans une circonstance si spéciale?
« L'article 7 ne nous interdit que l'émission des bons du trésor. Est-ce vrai?
« Le texte et l'esprit du traité ne sont-ils pas évidents? Et quand nous au-
« rons prouvé qu'aucun *préjudice n'a eu lieu et n'était possible*, comment
« admettre qu'une indemnité de 840,000 francs accordée pour obtenir un
« emprunt considérable, à des conditions proposées par le Vice-Roi, doive
« appartenir à ceux qui n'ont pas accepté les autres propositions? C'est trop
« insister sans doute, et son Excellence aura bientôt fait justice de cette pré-
« tention extraordinaire. »

Ainsi s'exprime M⁰ Crémieux; voici maintenant comment s'explique
M⁰ Jules Favre :

« Il est parfaitement démontré, dans la consultation, que le *Serghi* con-
« stitue un titre différent du bon du trésor. Le bon du trésor est une lettre
« de change, circulant sans entraves par la voie de l'endossement commer-
« cial, une véritable monnaie. Le *Serghi*, au contraire, n'est cessible qu'a-
« vec le concours du ministre des finances, si bien que la négociation ne
« peut s'en faire qu'au siége même du Gouvernement, et dans des condi-
« tions nécessairement limitées. D'où il suit que ces deux valeurs ne se font
« pas réellement concurrence, mais c'est moins encore à leur utilité finan-
« cière qu'il faut s'attacher qu'à la lettre même du traité. Dans son article 7
« le Vice-Roi :

« «S'interdit de faire *aucune émission* DE BONS DU TRÉSOR jusqu'à ce que
« le remboursement *de ceux en circulation* en ait réduit l'importance à
« 10 millions de francs.

« Ainsi l'*interdiction ne porte que sur* LES BONS DU TRÉSOR. Son Altesse
« n'en accepte aucune autre et demeure par conséquent, pour tous autres
« emprunts, parfaitement maîtresse de ses actions. Ajoutons qu'il eût été
« fort téméraire de sa part d'agir autrement. Elle pouvait bien renoncer
« pour un temps au bénéfice d'une opération, mais non à toutes. Une né-
« cessité imprévue pouvait se présenter, il fallait être libre d'y pourvoir en

« ayant recours à un mode d'emprunt ne chargeant pas la dette flottante
« de nouvelles lettres de change. Elle ne nuisait pas à la circulation de
« celles déjà existantes et restait fidèlement dans la lettre du traité.

« Cette interprétation, conforme aux principes généraux, se fortifie par
« le surplus de l'article dans lequel il n'est jamais question que *de bons du*
« *trésor* et non d'autres valeurs. On prévoit le cas où, malgré l'interdiction
« précédente, S. A. serait contrainte à créer de *nouveaux bons du trésor* : la
« faculté lui en est accordée, pourvu que cette série supplémentaire ne dé-
« passe pas le chiffre de 10 millions, et, dans ce cas, elle prend l'engage-
« ment de confier, par préférence à tous autres, cette négociation à MM. Ch.
« Laffite et Pinard.

« Rien n'est plus caractéristique que cette clause, elle prouve victorieu-
« sement que, dans la pensée commune des parties, il ne s'agit que de
« l'émission de titres librement négociables, ils seront bien placés dans la
« main des banquiers prêteurs; mais que feraient ces derniers de titres
« spéciaux, conservant leur autonomie égyptienne, et ne circulant jamais
« qu'avec le visa du ministre des finances? MM. Laffite et Pinard n'ont ja-
« mais songé à opérer sur une pareille valeur, sa création ne saurait donc
« effleurer leur traité.

« Cependant S. A. paraît avoir reconnu que cette création a pu affaiblir
« leur gage. Elle a spontanément parlé d'indemnité. Oui. Et le conseil
« soussigné peut dire qu'il a rencontré rarement, dans les débats s'agitant
« entre simples particuliers, une délicatesse semblable à celle que le Vice-Roi
« a montrée dans toutes ces négociations. Mais il faut observer que si, dans
« une note, il est allé au-devant de réclamations possibles, c'est alors que
« *répondant aux désirs de MM. Ch. Laffite et Pinard, il discutait un plan gé-*
« *néral du remaniement de sa dette.* On ne s'est point entendu à cet égard.
« MM. Ch. Laffite et Pinard ont voulu imposer des conditions trop dures,
« les pourparlers ont avorté, et chacun est rentré dans son droit. Or celui
« de MM. Laffite et Pinard ne s'applique *qu'aux bons du trésor*, celui de S. A.
« est de créer des titres *qui ne soient pas des bons du trésor.* »

A ces deux avis, nous devons joindre un autre passage de la consultation
relatif au droit de renouvellement, mais qui s'applique avec plus de force
encore à la création des Serghis,

« Les États, plus encore que les particuliers, sont exposés à des besoins
« d'argent urgents, imprévus, et qui exigent une satisfaction immédiate.

« En présence de ces éventualités bien connues, on n'a jamais vu un
« gouvernement consentir, par anticipation, à se fermer toutes les sources du
« crédit. Aussi le Gouvernement égyptien en s'interdisant d'émettre *de nou-*
« *veaux bons du trésor*, se réservait-il toutes les autres voies d'emprunt. »

Nous ne pouvons rien ajouter, la preuve est complète.

Disons cependant un fait qui ne laisse pas même place à une discussion
ultérieure. Quand le Vice-Roi émit des Serghis à la fin du mois d'octobre
1860, il admettait en principe de conclure avec MM. Ch. Laffite et le comptoir d'escompte une opération basée sur les propositions formulées dans la
note du 2 octobre, et plus tard dans celle du 20 décembre. Dranelit Bey
avait été mandé à Alexandrie pour recevoir les dernières instructions de
S. A. Très-certainement la conclusion proposée par eux et acceptée par le
Vice-Roi aurait formé un traité financier décisif, lorsqu'éclata la catastrophe de Mirès, c'est-à-dire l'abolition de l'emprunt Ottoman. Il fallut sus-
pendre le projet définitif, et MM. Ch. Laffite et Pinard furent avertis de la
nécessité d'attendre que le bruit fait autour de cet emprunt fût apaisé :
c'est pendant les pourparlers et l'événement qui retardait une solution dési-
rée par tous, que, pour subvenir aux besoins de son administration, S. A.
émit les Serghis, mesure provisoire faite à 9 pour 100 d'intérêt, en attendant la mesure définitive concertée avec ces messieurs. Et l'émission des
Serghis commencée à la fin d'octobre ne pouvait certes pas exciter et n'a
pas excité la moindre plainte de MM. Ch. Laffite et Pinard; ils n'ont élevé
leurs prétentions actuelles qu'au milieu d'avril 1861, plus de cinq mois et
demi après une émission qu'ils ne pouvaient pas ignorer, eux que l'agent
de leur maison tenait si bien au courant, et quand, d'ailleurs, cette émission d'un titre nouveau avait été publiquement connue de tout le monde,
comme faite à un intérêt de 9 pour 100.

La seconde question soumise à Son Exc. par le Vice-Roi est celle-ci :

SECONDE QUESTION. — « *Est-il dû à MM. Ch. Laffite et Pinard une garantie*
« *nouvelle, et cette garantie doit-elle être un engagement personnel du Vice-Roi,*
« *sur ses propriétés mobilières et immobilières ?*»

La troisième question est ainsi posée :

TROISIÈME QUESTION. —« *Est-il dû à MM. Laffite et Pinard une indemnité,* « *et cette indemnité doit-elle être de 5 millions ou de toute autre somme ?* »

Avant de traiter ces deux questions, il nous semble nécessaire d'examiner et de résoudre la quatrième et la cinquième, leur solution doit avoir sur la seconde et la troisième une influence décisive.

La quatrième question est ainsi conçue :

QUATRIÈME QUESTION. — « *S. A. a-t-elle le droit de faire un emprunt par* « *émission d'obligations trentenaires, étant bien entendu qu'il ne lui serait pas* « *permis d'émettre de nouveaux bons du trésor ?* »

Cette question correspond à celle qui avait été posée aux deux avocats du Vice-Roi et qui était ainsi conçue :

« L'article 7 du traité du 17 juillet 1860 interdit-il au Gouvernement « égyptien toute autre opération financière ; spécialement *le Gouvernement* « *égyptien a-t-il pu conclure avec la banque de Saxe-Meiningen le traité dont* « *la copie est aux pièces ?* »

Voici comment les deux jurisconsultes ont traité cette question :

« Le Gouvernement égyptien peut, sans contredit, en présence de l'ar-« ticle 7 du traité, contracter un emprunt, *autrement,* bien entendu, qu'en « *émettant de nouveaux bons du Trésor.* En matière restrictive et lorsqu'il « s'agit de créer contractuellement une incapacité, le doute doit toujours « s'interpréter en faveur de la liberté. Ici il n'y a place pour aucune inter-« prétation, parce qu'il n'existe aucune raison de douter. Les parties ont « parlé clairement, elles n'ont plus qu'à obéir à la loi qu'elles se sont faite. « Le Gouvernement égyptien veut-il émettre *des bons du Trésor ?* Il ne le « peut pas. Il veut émettre *des Serghis,* c'est autre chose, il est libre ; « il veut émettre un *emprunt par voie de dette consolidée,* c'est autre chose, « il le peut ; il veut émettre des obligations trentenaires, c'est autre chose, « il le peut. Il peut tout, si ce n'est *émettre des bons du Trésor.* En dehors « de cela, il n'y a plus de limite, partant plus de distinction ; le champ est « redevenu libre, et tout est permis. »

Il nous suffira de rappeler en ce moment les deux notes du 2 Octobre et du 20 Décembre 1860. Elles sont à elles seules la démonstration la plus complète du droit de Son Altesse. Nos adversaires sont ici des juges irré-cusables,

La cinquième question est ainsi conçue :

CINQUIÈME QUESTION. — « *Pour cette émission d'obligations ou de tout autre* « *emprunt nouveau, en dehors des bons du Trésor, MM. Ch. Laffite et Pinard* « *ont-ils un droit de préférence, et ce droit est-il tel, qu'après que le gouver-* « *nement du Vice-Roi n'a pu s'entendre avec eux et a cherché à se pourvoir* « *ailleurs, il doit leur communiquer les propositions des nouveaux banquiers* « *avec lesquels il entre en relations et leur donner la faculté de se les appro-* « *prier, si bon leur semble, en écartant ceux qui les ont faites?* »

Cette cinquième question correspond à la troisième écrite dans la consultation ; rappelons ici la consultation elle-même.

« Le consultant répond que, ni en fait ni en droit, cette question ne « peut être douteuse.

« En fait, MM. Laffite et Pinard, allant au-devant des besoins du Gou-« vernement égyptien, ont communiqué à S. A. le Vice-Roi un projet « d'emprunt. Ils demandaient à émettre cet emprunt comme simples com-« missionnaires, sans vouloir se charger du placement des titres à forfait ; « ils exigeaient la cote à la Bourse de Paris avec établissement d'une com-« mission de contrôle dans laquelle devait figurer un de leurs délégués. « Son Altesse répondit en leur faisant donner communication d'un contre-« projet. Le Vice-Roi ne leur reconnaissait aucun droit de préférence, il « n'obéissait à aucun article de son traité ; il accomplissait de lui-même « un acte de courtoisie et de bonne volonté souveraines. Le projet et le « contre-projet étaient en présence, il fut impossible de s'entendre. La « Porte opposa d'ailleurs un *veto* formel à la double exigence de la cote à « la Bourse de Paris et de la commission de contrôle. C'est dans ces cir-« constances que le Vice-Roi a trouvé des prêteurs moins désireux de « s'immiscer dans les affaires publiques de son Gouvernement. Les offres « restaient encore aux mains de MM. Laffite et Pinard. On avertit « MM. Laffite et Pinard que l'affaire se conclurait ailleurs. Ils persistèrent « dans leurs prétentions, et le délégué du Vice-Roi traita avec la Banque de « Saxe-Meiningen.

« En supposant que le droit de préférence du Comptoir d'escompte fût « absolu, Son Altesse aurait, sans contredit, tenu ses engagements avec la « religion la plus scrupuleuse, et sans doute elle serait déliée. Mais il y a

3

« mieux. Son Altesse n'était point liée, point engagée; tout ce qu'elle a
« fait, MM. Laffite et Pinard l'ont tenu de sa bonne volonté, non de leur
« droit.

« Ici se présentent dans la lettre écrite le 28 septembre les observations
« de MM. Ch. Laffite et Compagnie. Ils prétendent que l'article 7 impose
« à Son Altesse l'obligation de leur faire connaître les conditions sérieuse-
« ment et positivement offertes par d'autres maisons, et qu'on doit ainsi
« s'assurer s'ils veulent ou non les accepter. Ce n'est que sur leur refus
« qu'on peut traiter avec une autre maison.

« S'il en était ainsi, Son Altesse aurait rempli dans toute son étendue
« cette obligation. Il suffit de se reporter au récit des faits pour en être
« convaincu. Mais MM. Laffite et Pinard font dériver leur droit du texte
« même de l'article 7, qu'ils transcrivent dans leur lettre et qui est con-
« traire à leurs prétentions. En effet, que dit l'article 7? Il s'applique à un
« cas unique et spécial, le cas où les bons du Trésor ayant été réduits par
« le remboursement à 10 millions, le Vice-Roi voudrait en émettre de
« nouveaux. On stipule qu'alors il pourra en émettre pour 10 millions, de
« manière à atteindre en tout au maximum le chiffre de 20 millions, et l'on
« ajoute :

« S. A. le Vice-Roi d'Égypte s'engage dès à présent, POUR LE CAS OU L'É-
« MISSION CI-DESSUS PRÉVUE VIENDRAIT A SE RÉALISER, à confier, par pré-
« férence à tous autres, à MM. Laffite et Compagnie, LA NÉGOCIATION DES
« NOUVEAUX BONS. »

« Ainsi aucune préférence ne leur appartient pour ce qui n'est pas *Bons*
« *du Trésor*. Son Altesse n'émettant pas de bons du Trésor était libre de
« tout engagement. On est allé à eux spontanément, sans y être contraint,
« et s'ils regrettent le traité que d'autres ont su faire, ils ne peuvent l'im-
« puter qu'à eux-mêmes. »

Cette opinion, M⁰ Jules Favre l'adopte en ces termes :

« Le Conseil soussigné s'en réfère au développement si clair de la con-
« sultation. Le traité de 60 millions est une opération tout à fait distincte
« de celle arrêtée par le traité du 17 juillet 1860. Les documents visés ci-
« dessus le démontrent victorieusement. MM. Laffite et Pinard, engagés à
« fournir 28 millions ont pensé que, pour être vraiment efficace, le prêt

« devait être agrandi. Ils ont présenté une note destinée à déterminer de
« la part de Son Altesse la consolidation de toute la dette. Leurs idées ont
« été goûtées, mais ils y ont mis des conditions qu'on n'a pu accepter. L'in-
« tervention supérieure du souverain suffisait à expliquer ce résultat auquel
« Son Altesse pouvait très-bien s'arrêter. Dès lors, elle a été libre de re-
« courir à un autre agent. La banque de Saxe a fait des propositions qui
« eussent levé ces difficultés. Par un scrupule infiniment honorable, Son
« Altesse a fait part de ces ouvertures à MM. Laffite et Pinard. Elle leur a
« offert une préférence qui, dans les termes et l'esprit du traité, ne s'ap-
« plique qu'à l'émission supplémentaire des bons du Trésor. Ces messieurs
« ont refusé, c'était leur droit ; cette détermination laisse entière la conven-
« tion du 17 juillet qui doit, de part et d'autre, être loyalement exécutée ;
« mais elle ne saurait fournir l'ombre d'un prétexte à une attaque quel-
« conque contre Son Altesse qui a usé de sa liberté en traitant avec la
« banque de Saxe, comme ces messieurs ont usé de la leur en rejetant cette
« combinaison. »

Comment d'ailleurs douter de notre droit en présence de leur conduite ?
Est-ce que dans les prétentions qu'ils ont élevées ils se sont déclarés prêts
à accepter les conditions, telles que le Vice-Roi les avait acceptées de la
banque de Saxe ? Pas le moins du monde. Ils ont toujours voulu soumettre
le Vice-Roi à leurs propositions qu'ils maintenaient.

Et remarquez jusqu'où devait aller cette préférence. Je ne puis me mettre
d'accord avec eux, il faut donc que je cherche une autre maison qui accepte les propositions qu'ils ont refusées. Je la trouve et je ne puis conclure avec cette maison, sans leur offrir encore la préférence, sans leur
demander s'ils veulent accepter ces mêmes conditions déjà refusées par
eux ! Mais alors, supposons qu'après certaines tentatives auprès de ces
messieurs, le Vice-Roi mette un emprunt en adjudication. Le prix de l'adjudication convient au Vice-Roi ; le soumissionnaire à ce prix devient adjudicataire : non, il faudra que le Vice-Roi demande à MM. Laffite et au
Comptoir s'ils veulent donner ce prix ! S'ils le donnent, l'adjudicataire est
évincé ! Comprend-on un pareil droit ? Le Gouvernement qui s'y serait soumis devrait être mis en tutelle ; car jamais, avec de pareilles conditions, on
ne trouverait un adjudicataire. Disons mieux, on ne trouverait jamais une

maison quelconque avec qui le Vice-Roi pût traiter. Quand tout serait d'accord il faudrait soumettre au comptoir et à MM. Ch. Laffite le traité fait et leur dire : En voulez-vous à ces conditions? C'est contraire à la raison. La préférence, dans le cas où ils ont droit à l'obtenir, c'est le traité à leur proposer avant tous ; après leur refus, le Vice-Roi devient libre, pourvu qu'il ne traite pas avec une autre maison aux conditions que MM. Ch. Laffite et le Comptoir avaient proposées.

Il est inutile de dire que tous ces raisonnements s'appliquent aux obligations trentenaires.

Nous arrivons maintenant à notre seconde et à notre troisième questions qui se confondent avec celle que nos adversaires appellent *unique* et qu'ils soumettent *seule* à Son Excellence. Nous réunirons notre seconde et notre troisième questions, et nous discuterons en même temps celle que MM. Ch. Laffite et Pinard ont portée dedans le débat.

DEUXIÈME QUESTION. — « *Est-il dû à MM. Ch. Laffite et Pinard une garantie « nouvelle, et cette garantie doit-elle être un engagement personnel du Vice-Roi « sur les propriétés mobilières et immobilières?* »

TROISIÈME QUESTION. — « *Est-il dû à MM. Ch. Laffite et Pinard une indem- « nité, et cette indemnité doit-elle être de 5 millions ou de toute autre somme?* »

La solution de ces deux questions dépend du même principe, elles se confondent. Pour les résoudre, il faut examiner la *question unique* posée par MM. Ch. Laffite et Pinard, qui se trouvera tranchée par la même décision.

Nous avons établi : 1° que le Vice-Roi avait eu le droit d'émettre des Serghis; 2° qu'il avait le droit d'emprunter par obligations trentenaires *ou par toute autre voie, excepté par émission nouvelle de* BONS DU TRÉSOR.

Quel reproche ces Messieurs adressent-ils au Vice-Roi pour établir leur demande en affectation mobilière et immobilière et en payement de 5 millions?

Dans les lettres A,B,C de leurs questions, ils invoquent :

« Lettre A : *la dépréciation apportée aux bons du Trésor* escomptés par « M. Ch. Laffite et Compagnie *et au gage* qui constitue la sûreté, par les « émissions de titres qui ont eu lieu postérieurement à leur traité;

« Lettre B : la dépréciation causée par la différence entre le taux d'inté-

« rêt attribué aux nouvelles émissions et celui de l'intérêt attribué aux bons
« escomptés par MM. Laffite et Compagnie. »

Puisque nous avons eu le droit d'émettre les Serghis, lors même que l'é-
mission aurait déprécié les titres qui sont entre leurs mains, où serait le
motif légitime d'un dommage? Mais *le motif même est une pure invention.*
Les bons du Trésor en leurs mains produisent par l'escompte, non pas seulement un intérêt ou un bénéfice de 9 pour 100 en leur faveur, mais un
avantage réel de 12 pour 100. Les 28 millions ne représentent en réalité que 20,442,625 fr. Les Serghis sont émis à *neuf pour cent seulement.*
Comment ces Messieurs souffriraient-ils un dommage quelconque?

Ce n'est pas tout : ils oublient quelle est la *nature*, quelle est la *condition*,
quelle est la *garantie* de leurs titres.

La nature, ce sont des billets non négociables. Comment pourraient-ils
être dépréciés jusqu'au jour de leur échéance, à quelque taux que se fût
faite l'émission des Serghis? L'intérêt et l'escompte de 12 pour 100 ont
été perçus par MM. Ch. Laffite et Pinard le jour où leurs versements ont été
faits, ils n'ont remis à Son Altesse que 20,442,625 fr., et c'est 28 millions
que Son Altesse doit payer depuis le 30 septembre 1861 jusqu'au 30 juin
1865; deux échéances ont été acquittées, 3,500,000 fr. payés réduisent à
24,500,000 fr. la créance de 28 millions de fr.; 1,750,000 de fr. vont être
acquittés le 10 mars, ce qui va réduire notre dette à 22,750,000 fr. Quelle
dépréciation souffrent donc ces bons qu'ils détiennent et qui n'ont pas subi
un jour de retard au payement des deux premières échéances ?

Nous avons dit la *nature* de ces bons; voici maintenant leur condition.

La condition. Ils ont été livrés sous la condition que, jusqu'au jour de
leur échéance, ils resteraient en dépôt dans la Caisse des créanciers. Encore une fois, quelle dépréciation peuvent-ils avoir subie? Vous n'avez
versé que 20,442,625 fr., sur lesquels vous avez retiré jusqu'à ce moment
3,500,000 fr., et dans vingt-quatre jours vous aurez reçu 5,250,000 fr.
Plus d'un quart de vos versements, près d'un cinquième de votre créance
est réellement acquittée. Vous avez en dépôt des titres qui sont votre garantie et qui, restant dans vos mains, ne peuvent subir aucune chance de
hausse ou de baisse; ils forment un gage, une sorte d'hypothèque invariable; où donc est le préjudice ?

La garantie. Ajoutons que la *garantie spéciale* des bons que vous avez en vos mains n'en permet pas la dépréciation ; ils ne sont comparables à aucun autre et sont supérieurs à tous. Ils ont pour *affectation spéciale la garantie des revenus de la douane d'Alexandrie.* Qu'un de ces bons ne soit pas payé à son échéance par le Trésor du Vice-Roi, les revenus de la Douane, qui, cette année, se sont élevés à 10 millions, garantissent la somme de 7 millions, montant total des payements à faire chaque année pendant trois ans, et de 3,500,000 fr. seulement dans la dernière année ! Et l'on prétend que l'émission des serghis a déprécié de pareils titres ! Les serghis qui ne donnent que 9 pour 100 d'intérêt, les serghis, qui n'ont d'autre garantie que le Trésor de S. A. ; les serghis qui n'ont *aucune affectation spéciale !*

MM. Laffite et Pinard savent aussi bien que nous que l'intérêt des bons du Trésor est descendu à 9 1/2 pour 100 ; ils savent que cette amélioration considérable provient de ce que le Vice-Roi a réduit sa dette. Aussi notre étonnement a été grand quand nous avons vu qu'ils soutiennent cette double énonciation : *la dette de S. A. s'élevait, au moment de la signature du traité du 17 juillet, à 110 millions de francs; elle s'est élevée depuis à 120 millions.* Nous mettons sous les yeux de Son Excellence les états du ministère des finances qui démontrent l'erreur. D'ailleurs, comment et sur quoi MM. Ch. Laffite et Pinard fondent-ils leur assertion ? Pendant la négociation du premier traité, ils ne nous ont jamais demandé l'état de situation du Trésor, ils ne se sont jamais occupés de notre dette flottante ; ce n'est qu'à l'occasion de la seconde opération que nos adversaires actuels nous ont demandé les états de la situation de notre dette. Cette demande, toute naturelle quand il s'agissait d'une vaste opération financière, eût été ridicule pour un emprunt de 28 millions ; *et c'est là une preuve certaine que ces Messieurs ne songeaient pas, lors du traité du 17 juillet, à la réduction de notre dette flottante.* Comment peuvent-ils prétendre aujourd'hui que le traité du 17 juillet n'a été consenti par eux qu'en présence de notre situation financière, eux qui n'ont pas songé à la réclamer, qui n'auraient même pas osé la réclamer pour un simple emprunt de 28 millions ?

Poursuivons.

Dans la lettre C, MM. Ch. Laffite et Pinard, fondent leur demande *sur la*

« privation du bénéfice occasionné par les émissions faites par d'autres que par
« eux, et qui leur étaient spécialement et exclusivement réservées par l'art. 7. »

Ici nous ne pouvons que rappeler ce que nous avons établi.

Nous avons donné la preuve, d'une part, du droit incontestable qu'a-
vait S. A. d'émettre les serghis, seule émission qu'elle ait faite ; d'autre
part, du droit qu'elle aurait d'emprunter par voie d'obligations trentenaires et par toute autre voie, *excepté par émission de nouveaux bons du
Trésor*. Enfin, nous avons établi les limites de ce droit de préférence exclusive si singulièrement invoqué : nous n'avons pas à revenir sur ces divers
points du débat.

La lettre D « renvoie *à toutes autres causes énoncées ci-dessus* ; » nous
avons répondu à ces causes.

Elle renvoie à *des causes à indiquer ultérieurement*. Nous ne pouvons y
répondre, parce que nous ne pouvons les deviner.

Que devient maintenant cette prétention écrite dans les premières lignes
de la question unique :

« Les réparations de préjudices causés à MM. Ch. Laffite et Compagnie
« leur sont dues à cause des infractions commises au traité. »

Quelles infractions ? Vous ne pouvez en signaler QU'UNE SEULE : *l'émission
des serghis*, et c'est vous seul qui pouvez regarder cette émission comme une
infraction au traité.

Prétendez-vous que les tentatives d'emprunt faites plus tard l'ont été au
préjudice de votre droit exclusif de préférence et vous donnent droit à des
garanties nouvelles ? Nous ne ferons que remarquer ici que ces tentatives
n'ont pas abouti, qu'en conséquence il n'y a pas de préjudice possible ; nous
dirons, d'ailleurs, que notre droit est certain, et qu'à moins que Son Excellence ne se prononce dans un sens contraire, nous n'avons agi que
dans notre droit.

Il est vrai que S. A., dans un but de conciliation et de bienveillance que
vous n'avez pas apprécié, consentait à donner une somme de 800,000 fr.
pour se mettre avec vous en complète harmonie, lorsque la vaste opération
qui devait régler, en quelque sorte, son état financier, paraissait devoir se
conclure avec vous ; mais cette concession, faite par une générosité toute
royale, vous ne l'avez pas acceptée. Vous avez élevé vos prétentions au point

où nous les voyons aujourd'hui. Il ne reste donc qu'à se prononcer entre vos prétentions et notre défense.

Et maintenant on comprend comme il est facile de trancher la deuxième et la troisième question, que nous soumettons à l'arbitrage de Son Excellence.

Comment ! on demande une garantie nouvelle de la part du Vice-Roi ! Pour quel motif ? Un des bons du Trésor remis entre vos mains a-t-il éprouvé un retard au jour fixé pour le payement ? Deux sont échus, formant 3,500,000 fr. : ils ont été payés ; un troisième écherra le 10 mars : vous savez très-bien que le payement ne se fera pas attendre. Vous demandez une garantie nouvelle ! Mais la garantie qui vous a été donnée dans votre titre même a-t-elle été diminuée ? *C'est le revenu de la douane d'Alexandrie, affectation spéciale à votre titre seul.* Est-ce que cette garantie vous est enlevée ? *Est-ce que les porteurs de serghis l'ont obtenue ?*

Vous demandez *des garanties nouvelles et efficaces.* Pourquoi ?

1° *Pour assurer la stricte exécution du traité.* Où sont les violations du traité ? *L'émission des serghis ?* Elle était, dans notre droit. *La tentative d'un autre emprunt ?* Elle était dans notre droit ; elle n'a d'ailleurs pas abouti. *La méconnaissance de la préférence exclusive à laquelle vous prétendez ?* Vous n'avez pas cette préférence exclusive : le Vice-Roi s'est montré envers vous, même en dehors de votre droit, d'une prévenance parfaite.

2° *Pour vous garantir de toute infraction ultérieure.*

La prétention serait curieuse même avec un simple particulier, et les tribunaux n'en ont guère vu de semblable. Elle est une profonde injure pour S. A. quand on la porte devant l'homme éminent qui est appelé à juger entre nous.

3° *Pour compenser l'altération de la situation au jour du contrat et de celle qui devait en résulter pour les parties contractantes.*

Quelle est cette altération ? La différence est que le Vice-Roi a émis des serghis. Où était donc l'interdiction ? Et les serghis, il les émet à 9 pour 100 d'intérêt, tandis qu'il ne reçoit de vous à 9 pour 100 qu'à l'escompte, c'est-à-dire à 12 pour 100, et vous appelez cette différence une altération de la situation !

La situation s'est améliorée sous le rapport de l'intérêt entre les bons du

Trésor anciens et les serghis ; elle s'est encore améliorée dans l'état de notre dette, et vous parlez d'altération !

Quelle devait être la *situation des parties contractantes?* Ce qu'elle est aujourd'hui. Vous prêtez 28 millions de fr. à l'escompte, c'est-à-dire 20,442,625 fr. Cela n'a pas changé. Vous aviez 28 millions de fr. de titres *avec affectation sur la douane d'Alexandrie,* cela n'a pas changé. Si le Vice-Roi voulait émettre de nouveaux bons du Trésor, vous devriez être préférés ; il n'en a pas émis. Nous avons établi que vous n'avez pas le droit à la préférence pour tout autre emprunt. *Il n'en a d'ailleurs point fait encore.* De quoi vous plaignez-vous? Quelle altération votre situation a-t-elle subie? Au contraire le Vice-Roi devait 28 millions; il a payé 3,500,000 fr., il va payer 1,750,000 fr. : sa dette envers vous est diminuée de 5,250,000 fr.

Parlerons-nous maintenant de cette demande inouïe : *un engagement personnel sur les biens mobiliers et immobiliers de S. A.?* Est-ce sérieusement qu'on l'a formée? Le Vice-Roi ne la discutera pas. Il a emprunté, 28 millions de fr. qui lui ont produit net 20,442,625 fr. Il a donné en dépôt, à titre de garantie, 28 millions de bons du Trésor, auxquels il a, par privilége spécial, affecté les revenus des douanes d'Alexandrie. Les deux premières échéances s'élevant à 3,500,000 fr. sont payées, la troisième qui va échoir va recevoir son payement. Le Vice-Roi ne doit plus que 22,750,000 fr. sur 28 millions; et, lorsque tout se passe, entre le créancier et le débiteur, avec une régularité si parfaite, quand ce débiteur est un prince affectant ses revenus royaux, on demande la substitution de l'homme au prince et des biens personnels aux biens du domaine public !

N'insistons pas.

On ajoute pourtant : « Ou telles garanties qu'il plaira à l'arbitre de déterminer. »

Cette demande ainsi formulée n'a rien qui blesse personnellement S. A. ; mais elle est déjà discutée, elle n'est pas même soutenable.

Reste l'indemnité de 5 millions *comptant en espèces.*

Ce serait une magnifique opération pour le comptoir et pour MM. Ch. Laffite et Compagnie ! 28 millions de fr. de bons du Trésor, à échéances déjà entamées par près de 5 millions payés; plus 5 millions comptant, le tout pour 20,442,625 fr. réellement fournis ! Nous nous bornons à énoncer le résultat :

4

Et nous demandons où est le dommage donnant lieu à l'indemnité, où est le préjudice porté à nos créanciers ? Nous leur devions 28 millions, nous leur en devons 24,500,000 fr. Pour 28 millions nous leur avons donné nos bons du Trésor, avec affectation du revenu de notre douane d'Alexandrie. Deux bons sont échus, ils sont payés. Le troisième va échoir, nul ne doute de son payement. Comment le Vice-Roi peut-il être soumis à une indemnité quelconque pour un préjudice causé ?

Encore une fois et pour la dernière, aucune différence (si ce n'est une diminution de 5 millions dans la créance) n'existe entre le créancier et le débiteur du 17 juillet 1860 et le créancier et le débiteur du 1ᵉʳ février 1862. Pourquoi cette indemnité ? L'INDEMNITÉ, *c'est la réparation d'un dommage.* LE DOMMAGE, *c'est ce qu'on a perdu ou ce qu'on a manqué de gagner par la faute du débiteur.* Qu'est-ce que vous avez perdu ? Vos deux premiers bons, seuls échus, sont payés sans aucune perte pour vous. Qu'est-ce que vous avez manqué de gagner ? Vous avez gagné, purement et honnêtement gagné, les intérêts de la commission et le bénéfice de l'escompte sur les 28 millions, soit 9,500,000 fr. ; pourvu que vos bons soient payés (et vos bons restent avec la garantie des revenus de la douane), jusqu'à présent vous n'avez rien manqué à gagner ; attendez, pour réclamer une indemnité, que vous ayez subi un dommage. *Voulez-vous n'avoir pas gagné ce que vous aurait fait gagner l'émission des serghis,* si elle eût été faite par vos mains ? Les serghis ont été émis avec 9 pour 100 d'intérêt seulement. En supposant que la préférence exclusive vous appartînt, quelle est la misérable somme que vous avez perdue ? Et permettez-nous d'ajouter qu'en traitant à 9 pour 100, nous avons gagné 3 pour 100 d'escompte ; de sorte que loin d'avoir *commis une faute* qui vous porte préjudice, le débiteur ayant notablement amélioré sa situation financière depuis 1860, a fait une chose favorable à votre situation particulière.

Ainsi la question unique de l'adversaire a sa solution dans toutes ses parties, ainsi se trouvent également tranchées notre deuxième et notre troisième questions !

Non, MM. Ch. Laffite et le Comptoir n'ont aucune plainte sérieuse à faire contre le Vice-Roi. Non, le Vice-Roi n'a pas violé le contrat en émettant des serghis ou en tentant un emprunt dans les circonstances connues.

Il n'a ni dépassé son droit ni violé le vôtre. Non, la situation financière qui vous a été faite le 17 juillet 1860 ne s'est pas amoindrie, elle s'est au contraire améliorée par le payement des deux premiers bons échus. Non, vous ne pouvez réclamer des garanties nouvelles, puisque votre créance étant diminuée par des payements, vos garanties restent ce qu'elles étaient quand elle était entière. Non, vous n'avez aucun droit sur les biens personnels d'un Prince qui s'est conduit envers vous avec une loyauté constante, avec une bienveillance toute particulière. Au reste, il ne montre contre vous aucune mauvaise volonté, il n'oublie pas vos deux notes du 2 octobre et du 20 décembre, il n'oublie que celles qui les ont suivies et qui se résument dans les prétentions que Son Excellence le Ministre, notre arbitre, va définitivement juger. Seulement qu'on nous permette de dire qu'il aurait été plus convenable de mettre en débat tout ce qui peut se rattacher au contrat du 17–30 juillet, à son exécution, à son interprétation ; d'éviter ainsi toute difficulté dans l'avenir. S. A. l'a voulu dans les cinq questions qu'elle a posées, pourquoi ses adversaires se font-ils des réserves au lieu de tout énoncer ?

Jusqu'à ce moment, le Vice-Roi a discuté sur le terrain où ses adversaires l'ont placé, comme si tout ce débat devait se borner à ce double point de vue : Le contrat a-t-il été violé ? La violation, si elle existe, a-t-elle porté un préjudice qui exige une indemnité et des garanties nouvelles ?

Sans doute la négative ne serait pas douteuse, nous l'avons prouvé, même si les choses n'avaient pas changé depuis 1860, autrement que par l'émission des serghis et des faits connus. Mais, s'il était vrai que l'émission des serghis comparée aux remboursement opérés par S. A. sur les bons du Trésor et sur les serghis eux-mêmes, fût inférieure de plusieurs millions à ces remboursements, si par conséquent, S. A. avait ainsi diminué cette dette dont on fait tant de bruit ;

Si, d'autre part, il était vrai que le passif des finances de S. A. eût été réduit par elle dans des proportions considérables, qu'en conséquence l'état actuel des finances du Vice-Roi donnât à ses créanciers des garanties nouvelles d'une importance inattendue pour eux, qui, d'ailleurs, n'y avaient aucun droit ; que penserait Son Excellence de ces prétentions si extraordinaires en elles-mêmes et si mal justifiées? Quelques mots à cet égard, et notre réponse sera complète.

Voici quel était le chiffre de la dette du Vice-Roi en bons du Trésor, le 7 Missré, mois cofte, correspondant à la fin de juillet 1860 :

Les *obligations en bons du Trésor*, y compris les bons du Trésor remis aux mains de MM. Ch. Laffite et Pinard, s'élevaient à 745,972 bourses; la bourse valant 129 fr. 88 c. c'est 96,886,843 fr. 33 c.

Ainsi au 30 juillet 1860,

Les *obligations en bons du Trésor* s'élevaient à 745,972 bourses, soit 96,886,843 fr. 33 c.

Depuis le 30 juillet 1860 jusqu'au 7 janvier 1862, le Vice-Roi a émis :

1° *En obligations de bons du trésor* remises à M. Zizinia d'accord avec le consul de France . . . . 12,595 bourses, soit 1,635,838 fr. 60

2° Il a émis *en obligations* de serghis 383,690   49,833,657. 20

Ainsi l'augmentation est en totalité de . . . . 396,285 bourses. soit 51,469,495 fr. 80

Voici maintenant le chiffre des remboursements opérés pendant la même période :

1° Obligations en bons du trésor remboursées . . . . 325,859 bourses, soit 42,322,566 fr. 92

2° Obligations en serghis remboursées 120,264   15,619,888. 32

Soit en totalité . . . . 446,123 bourses, soit 57,942,455 fr. 24

Ainsi le remboursement total depuis le traité de 1860 est de 57,942,455. 24

L'émission totale n'est que de 51,469,495. 80

Le remboursement dépasse donc l'émission de . . . . . 6,472,959 fr. 44

L'émission est donc inférieure de plus de 6 millions au remboursement.

Comment l'émission peut elle causer un préjudice à MM. Laffite et Pinard?

Et c'est l'émission des serghis à 9 pour 100 qui, en nous permettant de subvenir au produit de nos autres dettes, a servi à éteindre des bons du Trésor qui coûtaient alors jusqu'à 16 pour 100 ; *et s'il reste 34 millions de serghis en augmentation, les bons du Trésor ont diminué de 42 millions.*

MM. Ch. Laffite et Pinard le savent bien.

Mais ce qu'ils savent aussi bien, c'est la différence immense qui existe entre la situation générale des finances actuelles du Vice-Roi et la situation au jour du traité. Nous ne voulons pas entrer ici dans les détails que le débat ne comporte pas ; nous poserons seulement quelques chiffres décisifs, qui ne laisseront place à aucune réfutation possible.

Quand les propositions du nouvel emprunt furent faites à S. A. par ces Messieurs, deux difficultés considérables se présentèrent : l'une effrayait S. A., l'autre la blessait ; la première, c'était la gravité des charges annuelles que l'emprunt allait imposer à son budget ; la seconde, c'était l'admission d'une commission de contrôle. S. A., dans ses contre-propositions, insistait sur l'une et sur l'autre. Il réclamait, quant à la deuxième, sa suppression au bout de quatre années, si la situation financière n'inspirait plus de crainte.

Pour alléger ces charges, il entra, dès le mois de septembre 1861, dans une large voie de réformes. Il voulut d'abord acquitter la dette énorme du trésor envers les soldats et les employés. Il s'acquitta, non en argent, mais en abandon de terres qui, en rendant les soldats et les employés propriétaires, leur donnaient satisfaction et dégrevaient le Trésor, qui se libérait en immeubles dont il ne tirait aucun produit réel. Les soldats, il les renvoya dans leurs foyers, réduisant son armée de 30,000 hommes à 6,000 hommes. Ainsi, par une merveilleuse combinaison, il rendait 24,000 hommes à l'agriculture et leur donnait en propriété des terres à cultiver.

Quant aux employés, il en congédia un grand nombre.

Il porta ses regards sur toutes les parties de l'administration, et substitua de grandes économies à d'inutiles dépenses.

Ses recettes étaient de 89 millions, il réduisit ses dépenses à 41 millions. Il ne s'épargna pas lui-même ; il vendit la plus grande partie de son argenterie, de ses bijoux ; il vendit ses haras qui renfermaient des chevaux arabes de la plus pure race ; une partie des biens du domaine de l'État, les canons de la flotte de Méhémet-Aly furent vendus pour se faire des ressources extraordinaires.

C'est ainsi que, d'une part, ses excédants de recettes, que, d'autre part, toutes ces ressources accumulées acquittèrent complétement la dette envers les soldats, la dette envers les employés, une grande partie d'autres dettes et *ceux des bons du Trésor et des serghis qui arrivaient à leur échéance.*

Et c'est devant une conduite si belle, devant de tels sacrifices, devant une administration si pleine de sagesse, qu'on parle de traité violé, de garanties nécessaires, d'indemnités encourues.

J'ai fini notre débat.

Après cet exposé, le Vice-Roi demande à Son Excellence une solution qui reconnaisse que, dans tous ses rapports avec MM. Ch. Laffite et Pinard, il a été constamment loyal. La loyauté qui est d'obligation chez les particuliers, est d'impérieux devoir chez les Princes. Le Vice-Roi tient surtout à ce que le Ministre de l'Empereur des Français proclame sa loyauté.

Paris, le 14 février, 1862.

DRANEHT BEY,

Ad. CRÉMIEUX, *Avocat.*

JULES FAVRE, *Avocat, Bâtonnier de l'ordre.*

––––––––––

Dans la réunion devant S. E., nos adversaires ont soutenu que *l'émission des serghis était équivalente à l'émission des bons du Trésor ;* nos observations ont répondu d'avance victorieusement, mais je veux ajouter quelques mots.

Le Vice-Roi avait, il a encore, bien d'autres titres que les bons du Trésor. Pourquoi l'art. 7 ne lui impose-t-il aucune autre interdiction que celle d'émettre des bons du Trésor ? Comment peut-on prétendre que *cette interdiction d'émettre une valeur interdit de les émettre toutes ?* Son Excellence a dit qu'à Constantinople on appelle *serghis* les bons du Trésor. Qu'elle me permette de lui dire que c'est une erreur. Les bons du Trésor, en Turquie, s'appellent *haznès tavillis,* les serghis turcs s'appellent *serghis,* et c'est le

nom que les Européens leur donnent. C'est ce dont je me suis assuré positivement. Néanmoins il n'est peut-être pas surprenant qu'on puisse les confondre, parce que, pendant toute leur durée, *ils sont transmissibles de porteur
à porteur* et que les intérêts, pendant toute leur durée, sont également
payables au porteur, que le Gouvernement reconnaît comme titulaire. (Voir
un serghi de Constantinople, pièce n° 10.) Et pourtant, en Turquie aussi,
on distingue les bons du Trésor des serghis. Ils sont loin d'être conçus de
la même manière. Je regrette de n'avoir pas un exemplaire de bons du
Trésor de Constantinople à mettre sous les yeux de Son Excellence; elle
saisirait de suite la différence entre les deux.

Mais les serghis égyptiens n'ont rien de commun avec les serghis turcs.
Ils ne sont pas *transmissibles de porteur à porteur*, au contraire, ils ne sont
que transférables par une déclaration au Ministre des finances; ils sont *nominatifs* dans toute l'étendue de l'expression; car chaque nouveau transfert
désigne le nom du nouveau propriétaire, en faveur duquel le transfert est
écrit au Ministère des finances. Le serghi ne pouvant être *négocié sans for-
malité*, n'est pas un billet négociable comme le *serghi turc*. Le serghi égyptien étant *nominatif*, il reste localisé dans l'Égypte. Et remarquez bien que
ce transfert n'est que toléré, *il n'est pas obligatoire pour le gouvernement*, de
sorte que le ministère des finances *peut le refuser*.

Ainsi la facilité la plus absolue de transmission par les bons du trésor, la difficulté considérable de transmission matérielle par les serghis
forment entre eux une différence essentielle. Si l'on veut même comparer
le serghi égyptien avec le bon du trésor égyptien, on voit de suite qu'ils
n'ont rien de commun l'un avec l'autre, même par la forme. Il suffit de
voir le serghi (pièce n° 8) et le bon du trésor (pièce n° 4). Son Excellence
jugera. Il n'est donc possible, sous aucun rapport, de confondre l'un avec
l'autre.

Une dernière réflexion. Le titre qu'en langage vulgaire on appelle en
Égypte *serghi* ne s'appelle pas *serghi*; son titre est, en arabe, *Sined Talab*,
ce qui veut dire *reconnaissance*.

Je borne là mes réflexions nouvelles sur ce point, et je termine par un
mot *sur les conséquences de l'émission des serghis relativement à MM. Ch.
Laffite et Pinard*, c'est-à-dire relativement *aux garanties que cette émission*

leur aurait fait perdre. Ils ont dit, à la réunion que Son Excellence a bien voulu nous accorder, que le Vice-Roi avait reconnu cette diminution de garantie et *offert 840,000 francs pour le réparer.* Je n'ai pas besoin de rappeler que c'est dans les contre-propositions de Son Altesse que se trouve cette offre, et quand il s'agissait pour elle de conclure une opération qui pouvait mettre immédiatement ses finances sur le pied des finances des États européens.

Un sacrifice fait à l'amour-propre et aux exigences de ses prêteurs était alors, à ses yeux, un moyen qui devait les décider. On comprend, surtout quand on connaît la généreuse nature de Son Altesse, avec quelle facilité cet abandon avait été proposé par elle, appelant même, au besoin, l'avis du Gouvernement français, que, dans toutes les circonstances, elle a voulu pour juge.

Mais malgré l'envoi de Draneht Bey à Paris, malgré la lettre de M. le Gérant du Consulat général, regardant le contre-projet comme une solution satisfaisante, le contrat n'a pas eu lieu, les parties se sont retrouvées comme elles étaient avant toute proposition. Comment ce qui a été écrit dans des prévisions si heureuses pour Son Altesse pourrait-il lui être opposé après l'anéantissement de toutes ses prévisions ?

Aussi la question est intacte. Le Vice-Roi a-t-il enlevé une garantie quelconque à ces Messieurs ? Voilà ce qu'il faut juger. D'abord, il leur a donné pour leur garantir 28 *millions* une garantie spéciale : *les revenus de la Douane d'Alexandrie.* Sur ces 28 millions il n'est dû maintenant que 22,750,000 francs.

Je regarde comme payée, et MM. Laffite et Pinard n'en doutent pas plus que moi, l'échéance du 10 mars prochain. Le Vice-Roi ne leur doit donc plus que 22,750,000 francs ; *pour 5 millions de moins*, la garantie reste ce qu'elle était *pour 5 millions de plus.*

Et maintenant, je prie Son Excellence de vouloir bien lire, dans les observations que je lui soumets, la partie qui se réfère particulièrement à cette question de garantie, c'est-à-dire depuis la page 20, 2ᵉ question, jusqu'à la page 27. Il me semble qu'elle ne laisse rien à désirer, et que toute réflexion nouvelle serait sans objet. En résumé, il est dû à MM. Ch. Laffite et Pinard 22,750,000 francs. La situation du Vice-Roi en 1862 laisse-t-elle une crainte quelconque, lorsqu'elle ne leur en donnait aucune en 1860, quand il leur était dû 28 millions?

Je demande pardon à Son Excellence d'insister, mais en vérité, voir s'élever sur un prêt d'argent une question de déloyauté à l'égard du Prince dont les sentiments d'honneur et de générosité se sont fait jour, surtout dans les mesures qu'il a prises pour améliorer ses finances, tout en élevant son royaume par les plus belles entreprises de la civilisation, c'est, pour le serviteur dévoué qui peut le connaître jusqu'au fond de l'âme, une injustice désolante contre laquelle il ne saurait trop protester, et qui s'évanouira devant la décision suprême d'un Ministre français.

Paris, le 21 février 1862.

DRANEHT-BEY.   AD. CRÉMIEUX, *Avocat.*

JULES FAVRE, *Avocat Bâtonnier,*

5

RÉPONSE AU MÉMOIRE

DE

MM. LAFFITTE ET PINARD.

Je reprends la plume avec un sentiment de douleur qui est mêlé d'indignation. Son Excellence a entendu nos explications, elle a pu voir quelle modération l'avocat et le représentant du Vice-Roi ont apportée dans leurs paroles, quelle politesse dans leur langage; les observations écrites que nous avons remises ne s'écartent pas de cette réserve dans une seule de leurs phrases, et au milieu d'erreurs qu'il me faudra relever dans l'imprimé que nos adversaires me font connaître je lis cette injure inouïe :

« Il y a eu *faute lourde* de la part du débiteur, et aux termes de la loi ro-
« maine, une faute de cette nature ÉQUIVAUT AU DOL. »

Et comme si l'on craignait que ce mot de DOL si déplorablement tracé ne subît quelque restriction, on a le courage d'ajouter : « *Ce qui nous dispense*
« *d'examiner s'il était possible de se méprendre sur le sens de la conven-*
« *tion, sur la vérité de l'infraction, et surtout sur la prétendue différence entre*
« *les bons du trésor et les serghis.* »

Ainsi *la faute lourde*, LE DOL sont patents, et c'est devant Votre Excel-
ence qu'on ose adresser à S. A. une aussi détestable calomnie ! Un Européen
se plaindre DU DOL commis par le Vice-Roi d'Égypte ! Mais il n'est pas dans
le monde civilisé une contrée, un Royaume où les Européens soient consi-
dérés, honorés, protégés comme ils le sont en Égypte et par la volonté du
Vice-Roi. Un DOL, de la part du Prince qui applique tous ses soins à ce que
les Européens trouvent dans tous ses agents l'appui le plus dévoué ; qui,
depuis la ville d'Alexandrie jusqu'aux derniers confins de la Nubie, les soutient et les sauvegarde, porte jusqu'aux pays barbares, limitrophes de ses
États, son assistance et sa force morale sur les établissements de propa-
gande européenne au 9e et au 4e degré de latitude, près des sources
du Nil !

LE DOL de la part de Saïd Pacha, dont la dette la plus considérable est
aujourd'hui une dette internationale, française pour ainsi dire, contractée
volontairement pour l'exécution du canal de Suez ! LE DOL contre des
Français de la part d'un souverain qui a toujours montré dans les agents
du Gouvernement français en Égypte, dans les hommes qui dirigent ici les
destinées de la France, une confiance sans bornes !

Malheureux les clients qui ont permis l'insertion de ce mot révoltant
dans un mémoire destiné à être lu par le Ministre de l'Empereur des Français !

Du moins, mes plaintes les plus énergiques protesteront contre cette indi-
gnité, et si j'ai le malheur d'être forcé de mettre sous les yeux de S. A.
l'écrit auquel je vais répondre, elle verra du moins avec quelle douloureuse
indignation son mandataire a repoussé l'outrage !

Que nous veulent donc ces implacables adversaires qui, nous ayant prêté
28 millions, sur lesquels ils en ont déboursé 20, déjà couverts de 5 millions par les payements, ont pour garantie spéciale de 7 millions par an,
pendant trois années, de 3,500,000 fr. pendant la dernière année, les revenus de la Douane d'Alexandrie, qui s'élèvent à 10 millions ? Si le Vice-Roi,
en émettant les serghis, avait, sans le savoir, violé le traité, suffirait-il de
cette violation involontaire pour leur conférer un droit à des dommages-
intérêts ? *Ne faudrait-il pas un préjudice subi, une perte, un manque de
gain ?* Or je supplie S. E. de relire, dans nos observations, ce que nous

avons écrit, depuis la page 17 jusqu'à la page 23, sur les dommages et les garanties qu'ils réclament : est-il possible de soutenir que l'émission des serghis ait diminué leur situation ?

Suivons-les pourtant.

A la première page, nos adversaires commencent par transcrire le traité.

Ils oublient que ce traité définitif a été précédé d'un traité en date du 25 avril, présenté par eux, accepté par le Vice-Roi, et qui a subi, dans sa rédaction définitive, quelques modifications convenues à Paris et dont nous allons rappeler le motif.

Il est vrai que M. Laffitte a déclaré ne pas connaître ce premier traité ; il est vrai que Draneht Bey a déclaré qu'il n'avait connu M. Laffitte que le lendemain de la signature du traité actuel ; mais M. Laffitte et le comptoir d'escompte ne sont-ils donc pas les prêteurs ? M. Laffitte pouvait-il ignorer ce que faisait le comptoir ? Qui pourra l'admettre ? Ces pièces, comme l'a dit Draneht Bey, sont authentiques, elles sont signées par M. Pinard.

En tous cas, la différence, la voici : dans le traité actuel, le préambule porte ces mots : « Le Gouvernement de Son Altesse Saïd Pacha, Vice-Roi « d'Égypte, désirant réduire le chiffre de sa dette flottante, a résolu de « négocier des bons du Trésor égyptien à concurrence d'une somme de « 28 millions de francs, et d'affecter le net produit de la négociation de « ces bons au remboursement de ceux actuellement en circulation. »

Dans le contrat, pas un article qui impose au Vice-Roi une obligation quelconque à cet égard ; le préambule seul exprime le *désir* et la *résolution* du Vice-Roi, mais la condition ne lui est nulle part imposée. Je le répète : ces mots ont été insérés comme mesure politique, la dette flottante était considérable ; elle touchait à 100 millions. Un emprunt en bons du trésor devait l'augmenter encore ; l'intervention du Sultan pouvait devenir indispensable ; c'est pour l'éviter que le comptoir d'escompte proposa ce préambule, qui, n'imposant au Vice-Roi aucune obligation, rentrant au contraire tout à fait dans ses désirs, qu'il a d'ailleurs complétement réalisés, ne laissait à son suzerain aucun motif de refus, puisqu'il n'y avait pas augmentation de dette. C'est ainsi que cette idée est constamment émise dans tous les projets ultérieurs, pour que la Porte n'en conçût aucun ombrage. C'est ainsi que dans la note du 2 octobre on lit cette phrase :

Il ne faut pas inspirer d'inquiétudes politiques sur les intentions du Vice-Roi.
N'est-il pas vrai qu'au moment où, par dépêche télégraphique, S. E.
recevait la nouvelle de l'interdiction de contracter l'emprunt fait par la
Porte au Vice-Roi, nos adversaires ont supposé que les Anglais étaient
la cause de cette interdiction, et ont dit à M. le Ministre que, lors du prêt
de 28 millions, ils s'étaient adressés à des maisons anglaises, mais que
toutes exigeaient le consentement du Sultan ? C'est pour ne pas avoir à le
réclamer que le préambule fut conçu par eux, accepté par le Vice-Roi.

Avant tout, il faut s'arrêter au chiffre de la dette flottante lors du contrat
du 30 juillet 1860. Nos observations le rappellent à la page 28.

Elle était alors de 96 millions, soit, en chiffre réel, de   96,886,843'.33°.
en bons du trésor, y compris les 28 millions remis à
MM. Laffitte et Cⁱᵉ.
La négociation des 28 millions à MM. Laffitte, qui
nous fournissaient en réalité . . . .   20,442,625'

devait réduire cette dette flottante à . . . . . .   76,444,218'.33°.

Ici nous avons à relever l'assertion la plus étrange, la plus outrageante,
deux fois reproduite dans le Mémoire de nos adversaires et que nous avons
lue, sans en croire nos yeux.
Le Mémoire imprime ces mots (page 7, lignes 23, 24, 25 et 26) :

« MM. Ch. Laffitte et le comptoir d'escompte de Paris *avaient dû admettre*
« *d'après les clauses mêmes du traité*, et on LEUR AVAIT FAIT COMPRENDRE
« *que la dette flottante égyptienne*, Y COMPRIS LE NOUVEL EMPRUNT, *s'élève-*
« *rait* A ENVIRON CINQUANTE MILLIONS EN BONS DU TRÉSOR, *seule valeur*
« *alors pratiquée en Égypte.* »

Ainsi le Vice-Roi qui, en 1860, après le contrat, commettait, en le
violant, *la faute lourde*, équivalente au DOL, avant le contrat, commettait *cet
abominable mensonge de faire comprendre* à ses prêteurs que la dette flottante atteignait à peine 50 millions, en y comprenant les 28 qu'il recevait
d'eux, quand cette dette flottante dépassait 96 millions ! On croit rêver
quand on lit de telles allégations ! Comment, à *M. Charles Laffitte* ON A

FAIT COMPRENDRE qu'on avait seulement 22 millions de dette flottante, et l'on avait 96 millions et plus ! Et M. *Charles Laffitte l'a cru !* Quelle confiance ! Mais si cet aspect de la question prouve de sa part une bonne foi démesurée, l'autre aspect témoigne de la part du Vice-Roi une mauvaise foi insigne.

Comment ! le Vice-Roi a *fait comprendre* que sa dette flottante ne dépassait pas 22 millions ! Comment ! il a trompé ses prêteurs à ce point de leur dissimuler 46 millions sur le montant de sa dette ! Quelle fraude ! Ainsi, avant le contrat, *mensonge, fraude* sur la quotité de la dette ; après le contrat, *faute lourde, dol* par l'émission des serghis ! Voilà ce que le mandataire du Vice-Roi est condamné à discuter devant le Ministre de l'Empereur.

Eh bien ! puisque c'est sur un pareil terrain qu'il faut défendre le Vice-Roi, suivons-y nos accusateurs.

Et d'abord nos prêteurs connaissaient parfaitement l'état financier de l'Égypte, il n'a jamais été un mystère pour les personnes importantes qui habitent Alexandrie. Deux amis de M. Pinard, l'un, son correspondant, le consul général de Danemark, négociant distingué d'Alexandrie ; l'autre, M. Dervieux, riche banquier de la même ville, savaient très-bien la situation réelle des finances du Vice-Roi. Pendant quatre mois qui se sont écoulés entre les premiers pourparlers et la conclusion du traité, M. Dervieux est resté constamment à Paris ; c'est au comptoir d'escompte que l'on m'a donné son adresse, et pendant que j'étais à Alexandrie pour faire adopter le contrat par le Vice-Roi, le consul général m'a remis deux lettres de M. Pinard.

Le Vice-Roi, dit-on, devait 50 millions, y compris les 28 qu'il empruntait ; c'est-à-dire qu'il empruntait 28 millions pour en payer 22.

Les 28 millions lui produiront 20,500,000 francs, qu'il emploiera à diminuer d'autant sa dette flottante ; il restera donc avec une dette de 1,500,000 francs, solde des 22 millions dus en Égypte, et une dette de 28 millions empruntés à MM. Laffitte et Pinard : sa dette flottante sera donc de 29,500,000 francs.

Mais la note du 2 octobre, faite par nos prêteurs, tout juste au moment où s'opérait aux mains du Vice-Roi le second versement de M. Laffitte sur les 28 millions, cette note, que propose-t-elle? *L'unification de la dette.* *L'unification* d'une dette de 29,500,000 francs ! Y pensez-vous?

L'unification de la dette ! mais vous imprimez que les bons du trésor étaient *la seule valeur alors appliquée en Égypte. Une seule valeur, c'est l'unification* toute faite. Pourquoi proposez-vous *l'unification* quand elle existe ?

Il n'est donc pas vrai que le Vice-Roi vous eût fait comprendre qu'il n'avait que 50 millions de dette flottante, y compris les 28 que vous prêtiez : proposer *l'unification* d'une dette de 80 millions, c'eût été l'idée la plus ridicule; il n'est donc pas vrai que les bons du trésor fussent *la seule valeur* pratiquée en Égypte : proposer *l'unification d'une valeur unique,* c'eût été proposer l'absurde.

Et deux mois plus tard, le 20 décembre, dans une seconde note, rappelant celle du 2 octobre, vous renouvelez votre proposition.

Mais quoi ? en 1860, le Vice-Roi n'avait que 22 millions de dette flottante, il devait ces 22 millions en Égypte, soit à ses sujets, soit à des négociants européens, établis sous sa protection, quelques-uns honorés de son amitié : voilà quels étaient ses créanciers. Certes, aucun de ces créanciers n'était exigeant ; et voilà que le Vice-Roi d'Égypte vient emprunter à une maison de Paris 28 millions pour en payer 22 ! Voilà qu'il s'adresse à un étranger, inconnu pour lui ! Pourquoi ce changement de créanciers? Pour quelque différence d'intérêts !

Mais n'avons-nous pas, dans le débat même, une preuve accablante contre nos accusateurs ?

Comment, au mois de juillet, le Vice-Roi *avait fait comprendre* à MM. Laffitte et Pinard que sa dette flottante n'était que de 50 millions, en y comprenant les 28 millions qu'ils allaient lui prêter. Mais au mois d'avril suivant, voici ce qu'ils écrivaient à Draneht Bey :

Paris, le 18 avril 1861.

Monsieur et cher Draneht Bey,

« Lorsque Son Altesse le Vice-Roi d'Égypte a passé, par votre entremise, le 17 juillet dernier, avec MM. Ch. Laffitte et comp. et le Comptoir d'escompte, le traité relatif à la négociation des bons du Trésor jusqu'à concurrence de 28 millions de francs, *la dette flottante égyptienne s'élevait à 110 millions de francs, qui se composaient :* 1° de bons en circulation à des échéances mensuelles échelonnées jusqu'en 1863 ; 2° du solde de divers comptes courants avec plusieurs fournisseurs ou banquiers ; 3° d'un arriéré de solde dû à d'anciens employés militaires et civils. »

C'est ainsi que s'expriment MM. Laffitte et Pinard dans une lettre collective, signée de tous deux. Cette lettre, qui reviendra tout à l'heure, quand il s'agira de l'émission des serghis, est une première plainte sur cette émission, mais pas un mot de la dissimulation, au moment du contrat, de la plus grande partie de la dette flottante, pas un reproche ; au contraire, ils indiquent parfaitement notre état financier, « *la dette flottante égyp-* « *tienne s'élevait à 110 millions de francs,* » non pas à 22 millions ; ils connaissent les titres même des diverses créances ; *ils les indiquent par leur nature,* en mettant 1°, 2°, 3°.

Et voilà ceux qui accusent le Vice-Roi de mensonge ! Une cause qui se soutient par de telles calomnies est jugée.

Et de quoi s'agit-il, grand Dieu ! pour accuser ainsi le Vice-Roi, *de dol, de mensonge?* Il doit encore à MM. Laffitte et Pinard 22,750,000 francs, garantis spécialement sur les revenus de la Douane d'Alexandrie, qui dépassent certainement de plusieurs millions le remboursement annuel de la dette. Pourquoi d'ailleurs frapper ainsi de vos injures un souverain qui, sur vos plaintes, s'en remet loyalement, entièrement à la décision du ministre de votre gouvernement ; qui, dans l'origine, quand il croyait traiter grandement avec vous, vous faisait les abandons les plus généreux ! Aujourd'hui même, s'il s'est trompé, vous ferme-t-il la voie à une légitime réparation ? Au contraire, il vous les ouvre toutes.

Que Votre Excellence me pardonne l'émotion qui me domine. J'ai heureusement, dans une autre partie de ce mémoire calomnieux, dans les contre-propositions, le moyen de montrer tout ce qu'il y a d'honnête et de généreux dans le caractère du Vice-Roi ; je ne veux pas qualifier la prétention que ses adversaires en font ressortir, je vais la discuter :

Ces contre-propositions forment, d'après MM. Laffitte et Pinard, une preuve concluante de leur droit, une fin de non-recevoir contre toute défense.

« Le Vice-Roi, disent-ils, reconnaît qu'en émettant des serghis, il a diminué les garanties ; il offre 840,000 fr. à titre d'indemnité ; il offre en garantie le revenu du Delta. Comment le Vice-Roi peut-il aujourd'hui soutenir qu'il n'a pas violé le contrat, qu'il ne doit pas d'indemnité ? »

Quelques mots sur cet écrit :

MM. Laffitte et Pinard, tout en se plaignant avec amertume de l'émission des serghis (que le Vice-Roi croyait avoir si bien le droit d'émettre, qu'il les avait émis publiquement, et que cette émission ainsi faite depuis plus de six mois n'avait excité aucune réclamation), voulaient contracter sur une grande échelle avec ce débiteur de mauvaise foi. Il s'agissait pour eux, comme ils le disent, *de l'espoir et du désir de faire une grande et fructueuse opération financière;* mais il s'agissait aussi pour le Vice-Roi, en acceptant, sous des modifications nouvelles, les propositions de ces messieurs, de réaliser une combinaison qui faisait entrer ses États dans les voies européennes et qui, grâce à la fertilité de notre riche Égypte, lui assurerait dans l'avenir le rang le plus honorable et le plus élevé.

Le Vice-Roi voyait bien que le meilleur moyen d'arriver au succès était de faire des concessions d'argent à ses banquiers, son caractère loyal et plein de spontanéité s'y prêtait largement ; on l'avait mis *en demeure d'indemniser le comptoir d'escompte, à raison de l'émission des serghis qu'il s'était interdite.*

Il fait observer *qu'il reconnaît avoir affaibli la garantie du comptoir par cette émission.*

Remarquez bien que cette reconnaissance *est loin d'impliquer la violation du contrat;* le Vice-Roi, *qui allait donner de nouvelles garanties à ses prêteurs, pour une affaire immense, dans laquelle on allait comprendre les 28 millions,* pouvait, *sans aucun préjudice pour lui-même,* concéder au comptoir d'escompte qu'il avait affaibli ses garanties, *puisque la garantie du Delta,* A DONNER POUR TOUTE L'OPÉRATION, *devait s'étendre aux 28 millions.*

Puis, avec cet abandon, que l'on conçoit d'ailleurs dans une opération si considérable, le Vice-Roi donnait 840,000 fr. ; mais ces offres si généreuses, il les faisait dans le même écrit où il émettait les condi-

6

tions pour le nouvel et décisif emprunt. Il ne séparait pas les unes des autres. Il ne disait pas à nos adversaires actuels : Que vous traitiez avec moi de mon grand emprunt, ou que cette combinaison échoue, *je vous donne 840,000 fr. et pour garantie le Delta.* C'eût été une folie; il disait : Faisons notre opération d'emprunt *et, vous trouverez alors dans ce que je vous offre et dans vos bénéfices* une large compensation ; vous trouverez dans les revenus du Delta, des garanties certaines pour l'opération tout entière.

Or l'opération d'emprunt ne s'est pas faite ; les bases posées par Son Altesse n'ont pas été accueillies, et vous venez prendre, dans ces propositions rejetées, celles qui vous conviennent, en délaissant celles qui ne vous conviennent pas ! Et quand le Vice-Roi, croyant toucher à un régime de finances qui, dans sa pensée, devait être, pour ses États, un avenir de fortune ; pour lui, pour ses successeurs, un avenir de gloire, se montrait si plein de noblesse, vous prenez, comme bases de vos prétentions, ce que ses illusions désormais évanouies lui dictaient comme bases d'une conviction alors certaine à ses yeux !

Mais ces contre-propositions ne se composaient pas seulement des offres qu'il vous faisait, elles se composaient d'autres conditions qui venaient de vous, qu'il n'aurait jamais indiquées, qui auraient profondément blessé son légitime orgueil de souverain, mais dont il subissait la loi, parce qu'il s'agissait pour lui de fonder, par un bon système financier, la sécurité de son administration intérieure, la fixité de ses revenus, et, comme vous le dites vous-même, le développement de ses richesses. Oui, il admettait une commission européenne ; oui, il admettait un de vos agents ; oui, il admettait un contrôle, lui, le Vice-Roi ; oui, il subissait de telles mesures pour un immense intérêt ; mais son noble front s'inclinait et tout amour-propre disparaissait devant ses belles espérances. De même, il ouvrait son trésor pour vous, quand vous assuriez cette œuvre, quand vous le conduisiez à son but si désiré ! Mais quand tout a disparu, vous voulez qu'il reste de ce naufrage une planche sur laquelle vous arrivez seul au port !

S'il est un principe juste et solennel, c'est que les offres suivent le sort du contrat qui les renferme ; le contrat proposé n'ayant pas de résultat, les offres faites en vue du contrat s'évanouissent, les parties se retrouvent comme elles étaient à la veille du contrat, à la veille des offres. C'est ainsi que s'expriment MM. Crémieux et Jules Favre, depuis la page 11 jusqu'à la page 15 de nos observations.

Telle est notre situation respective, et, désormais, entre vous et le Vice-Roi, une triple question reste à juger :

D'une part, en émettant des serghis, le Vice-Roi a-t-il violé le contrat du 17 juillet? D'autre part, en émettant ces serghis, même sans droit, le Vice-Roi vous a-t-il porté un préjudice quelconque? Enfin, quelle est la portée de votre droit de préférence?

Le passé n'existe plus; ce que nous avons écrit l'un et l'autre n'a plus d'objet ni de force. Nous sommes devant notre juge qui prononcera entre vos prétentions et ma défense. Il ne s'agit plus de demandes ni de concessions, il s'agit d'un examen et d'une décision de justice.

Il faut donc revenir à la première question : Le Vice-Roi a-t-il violé le contrat en émettant des serghis?

La consultation des deux avocats, rapportée depuis la page 10 jusqu'à la page 15 de nos observations, avec les quelques développements qui la suivent, ont péremptoirement répondu. Mais je veux rappeler une circonstance qui s'appuie sur un titre même que j'ai déposé sous le n° 9, et que je vais expliquer.

Les prêteurs voulaient la possibilité de négocier, sur la place de Londres et de Paris, les bons du trésor que le Vice-Roi leur remettait; cette condition était accordée : le titre déposé par nous en fait foi. C'est pour que ces négociations ne trouvassent pas d'obstacles dans de nouvelles émissions de titres de même nature que *l'interdiction d'émettre des bons du trésor* fut convenue. Plus tard, et au dernier instant, les prêteurs demandèrent l'affectation spéciale de la Douane d'Alexandrie; le Vice-Roi l'accorda, mais sous la condition que les bons du trésor remis à ces messieurs resteraient en dépôt, et, par conséquent, ne seraient pas négociables. Certes, alors, l'interdiction d'émettre des bons du trésor n'avait plus la même raison de subsister, puisque, d'une part, ceux qui leur étaient remis restant en dépôt n'avaient plus à subir aucune dépréciation; puisque, d'autre part, l'affectation spéciale des revenus de la douane d'Alexandrie leur assurait sur tous les autres un avantage considérable; mais cette interdiction, prévue pour un tout autre objet, resta dans le contrat. Personne assurément ne songeait alors que l'émission d'un titre quelconque, autre que les bons du trésor, pourrait être interdite. Quels seraient, en effet, les titres que le Vice-Roi pourrait émettre, si l'art. 7 doit être entendu comme ces messieurs le prétendent? Aucun. Il ne pourrait emprunter que par voie d'hypothèque; autrement, comme ce sont toujours les revenus de l'État, c'est-à-dire *le trésor* qui doit payer, tous les titres seraient donc compris dans cette dénomination de *bons du trésor!*

Revenons un instant sur le motif de cette émission de serghis; ce sera compléter cette partie de la discussion.

Le Vice-Roi avait 96 millions de bons du trésor en circulation, et s'était interdit d'en émettre de nouveaux jusqu'à ce que les bons du trésor circulant eussent été réduits à 10 millions. Mais les 28 millions Laffitte, produisant 20,500,000 francs, ne pouvaient pas en éteindre 68 qui circulaient. Le Vice-Roi avait d'ailleurs d'autres dettes qu'il fallait payer et *qu'il ne s'était pas interdit de payer avec d'autres titres que les bons du trésor.*

Voilà la double explication de l'émission des serghis.

Le Vice-Roi payait, en recevant l'argent de Paris, les bons du trésor qui venaient à échéance, et, pour parer aux échéances des autres dettes, pour subvenir aux autres obligations qu'il avait contractées, *il émit des serghis;* et ces émissions de serghis ont produit les résultats écrits dans le tableau qui se trouve à la page 28 de nos observations.

Eh! quoi? en empruntant 28 millions à MM. Laffitte et Pinard, le Vice-Roi, qui en devait 96 en bons du trésor, *devait s'interdire toute autre émission que l'émission des bons du trésor textuellement écrite dans son contrat?* Mais comment, avec 28 millions qui en produisaient 20 seulement, serait-il arrivé à réduire sa dette flottante en bons du trésor de 96 millions à 10 millions? Comment aurait-il acquitté ses autres dettes, ses obligations du canal de Suez, ses arriérés, ses commandes? Quoi! point d'émission permise! Quoi! point de titres à créer! Mais c'était l'impossible!

Ce qui lui était interdit, c'était *l'émission de nouveaux bons du trésor.* IL N'EN A POINT ÉMIS.

Il a émis des *serghis,* n'ayant rien de commun avec les bons du trésor :

ni le nom, le serghi ayant un nom arabe : SANAD TALAB, tandis que l'autre s'appelait BON DU TAÇSON, en Égypte comme en France; *ni la forme*, l'un étant nominatif, l'autre au porteur; *ni les facilités de négociation*, l'un se transmettant de la main à la main, l'autre par voie de transport; *ni l'usage*, l'un pouvant circuler en toute liberté, ce qui le rend acceptable sur toutes les places, l'autre devant subir l'attache d'un ministre qui l'inscrit sur ses registres, ce qui le localise; *ni le mode de payement*, l'un étant payable à la personne qui le présente, quelle qu'elle soit, l'autre n'étant payable qu'à celle dont le nom est inscrit sur les registres du ministre des finances; *ni enfin les droits attachés à la possession du titre*, le ministre des finances pouvant empêcher la cession des serghis, en refusant la transcription du transfert sur ses registres, les bons du trésor étant cédés sans avoir besoin de l'intervention du ministre.

Vainement donc veut-on confondre les serghis et les bons du trésor. Les confondre n'est pas possible. Une déclaration des banquiers et négociants européens d'Alexandrie ne permet plus même le doute. Non-seulement les serghis sont un titre différent des bons du trésor, mais ils se négocient à 8 pour 100 et les bons du trésor à 7 1/2.

Nos adversaires prétendent que le produit de l'emprunt Laffitte et Pinard n'a pas servi à sa destination. Mais nous avons remboursé des bons du trésor, non pas seulement pour 20,500,000 francs, produit de notre emprunt Laffitte et Pinard, nous en avons remboursé pour 42 millions. Ces 22 millions, *payés en plus des 20 millions reçus*, nous les avons payés, ainsi que d'autres dettes non moins légitimes, en employant les 20 millions empruntés par nous à Paris. Comment, vous nous priveriez du droit d'émettre des serghis, qui nous fournissaient les ressources nécessaires pour subvenir au payement des autres dettes, ce qui laissait libres les revenus du trésor et nous permettait de diminuer, avec ces revenus, une partie considérable des bons du trésor circulant? C'est ainsi que les serghis, sinon par eux-mêmes, du moins en nous donnant le moyen d'acquitter d'autres dettes, nous ont servi à diminuer les bons du trésor jusqu'à concurrence de 22 millions de plus que les 20 millions reçus de MM. Laffitte et Pinard. Jamais un serghi n'a payé un bon du trésor venu à échéance; jamais, en un mot, on n'a échangé un bon du trésor contre un serghi; mais l'émission des serghis, laissant au vice-roi d'autres ressources disponibles, le nombre des bons du trésor en circulation diminuait par ces ressources mêmes, qui servaient à leur payement.

Mais, dites-vous, le Vice-Roi a reconnu qu'il avait diminué nos garanties par l'émission des serghis. Nous venons d'expliquer comment il l'avait reconnu dans ses contre-propositions; et maintenant voici une preuve émanée de vous, et qui décidera entre vous et Son Altesse.

Vous avez écrit le 6 novembre 1861 à votre agent d'Alexandrie; vous avez établi à votre manière vos prétentions dans le passé, vos prétentions dans l'avenir. Voici ce que vous disiez (lettre du 6 novembre, pièces déposées par MM. Laffitte et Pinard) :

« 1° *Dans le passé*, notre traité a été violé en plusieurs de ses clauses les
« plus importantes.

« *Pour ces violations, en ce qui concerne la sécurité altérée des titres*
« *dont nous sommes porteurs, on nous doit des garanties nouvelles* à définir ;
« *et en ce qui concerne le dommage qui nous a été causé par l'émission*
« *d'autres valeurs du trésor, on nous doit une compensation pécuniaire.*

« Cette compensation doit s'établir théoriquement par la comparaison
« du taux de 9 pour 100 que nous avions adopté dans notre opération avec
« le Vice-Roi, et du taux de 12 ou 15 pour 100 (nous ne savons le chiffre
« exact) qu'il a accordé à d'autres prêteurs pour ses émissions de serghis ;
« il est évident, en outre, que la différence, *dont il serait juste de nous tenir*
« *compte, ne doit pas porter seulement sur une année d'intérêts, mais s'ajouter*
« *au contraire par avance aux intérêts fixés primitivement, et cela pour toute*
« *la période du traité*, depuis l'origine de son application, jusqu'à complet
« remboursement des 28 millions.

« Vous devez bien faire comprendre à M. de Beauval tout ce qu'il y a
« eu de violent dans ce procédé d'obtenir de nous des avances à un
« intérêt déterminé, par la promesse de ne rien emprunter à l'avenir, ou
« de n'emprunter que dans les limites fixées, en nous donnant une pré-
« férence formellement exprimée, et d'aller, presque *immédiatement après*,
« emprunter A D'AUTRES A UN INTÉRÊT BEAUCOUP PLUS ÉLEVÉ SANS NOUS
« AVERTIR. »

« Il est, en effet, évident que, lorsque, dans des émissions successives, le
« trésor fixait lui-même à 12 ou 15 pour 100 l'intérêt de ses bons, que
« nous avions pris à 9 pour 100, il diminuait la valeur des obligations
« qu'il nous avait remises et devait élever les prétentions de nos preneurs
« *au niveau de l'intérêt de ces nouvelles émissions.*

« Le Vice-Roi devait donc rigoureusement nous exposer par là à perdre,
« *suivant le taux nouveau auquel il empruntait, 3, 4, 5, ou même 6 pour*
« 100 sur l'intérêt qu'il nous avait alloué, et à perdre cette différence
« *pendant toute la durée de notre traité.* »

Ainsi, d'après vous-même, l'émission des serghis, que vous appelez *autres valeurs du trésor*, vous occasionne un dommage : ce dommage consiste
dans la différence des intérêts à 9 pour 100, taux que vous avez pris (vous
oubliez l'escompte de 3 pour 100), et de 12 ou 15 pour 100, que les porteurs des serghis ont reçus.

Eh bien ! les porteurs de serghis n'ont eu que 9 pour 100 ; voici comment
on les leur a payés. A celui qui avait une créance quelconque contre le
Vice-Roi, quel que fût son titre, fournitures, factures, comptes courants, le
Vice-Roi remettait les serghis, avec les intérêts à 9 pour 100. Supposez,
par exemple, une créance de 100,000 francs, elle a reçu en serghis
109,000 francs, rien de plus.

Terminons par un autre extrait de cette lettre du 6 novembre :

« Ainsi, indépendamment des garanties qui nous sont dues pour la sécu-
« rité du capital, nous sommes en droit de demander une compensation
« *pour l'augmentation d'intérêt accordée aux prêteurs* qui ont été irrégu-
« lièrement appelés après nous.

« Ainsi encore, si vous ne demandiez en notre nom qu'une bonification
« immédiate de 3 pour 100 *par an* sur les 28 millions et pour la moitié de
« la durée du traité depuis le commencement jusqu'à la fin, c'est-à-dire en
« tout 9 pour 100 pour trois ans, payés comptant, votre demande serait
« très-modérée.

Je ne suivrai pas plus loin cette lettre et ces instructions ; il en résulte,
avec une évidence incontestable, que nos adversaires ne confondent pas

les serghis avec les bons du trésor : et ce n'était pas l'acte en lui-même, c'étaient les conséquences qu'ils présentaient faussement comme leur ayant porté un préjudice imaginaire. Ce qui est certain, en effet, c'est que les serghis n'ont entraîné que 9 pour 100 d'intérêt ; qu'aujourd'hui, pendant qu'en Algérie, ainsi que le disent nos adversaires, l'intérêt légal, comme en Égypte, est à 12 pour 100, dans ce moment même, les serghis se négocient à 8 et les bons du trésor à 7 1/2 pour 100.

Et certes, ce n'est pas seulement parce que les 20 millions que vous lui avez prêtés ont servi à l'acquittement de ses dettes, que le Vice-Roi voit ses finances prospérer ainsi ; c'est à cause de l'extrême diminution des dépenses de son budget, de la réduction des cinq sixièmes de son armée, de l'abandon des immeubles domaniaux, qui ont acquitté l'arriéré des troupes et des fonctionnaires administratifs, en les rendant agriculteurs et propriétaires ; c'est la vente publique de ses bijoux, de son argenterie, de ses haras ; c'est surtout sa loyauté en tout ce qui se rapporte aux finances de son royaume.

Ce qui est certain dès lors, c'est que les 3 pour 100 de dommages réclamés pour les trois ans, c'est-à-dire les 9 pour 100, qui formaient à votre avis une demande très-modérée, reposaient sur une base toute de votre invention (1).

Nos adversaires ont recours à un dernier argument.

Les bons du trésor ou les serghis, disent-ils, sont si bien une seule et même chose, que, dans un état financier de l'Égypte, à nous remis en juin 1861, et signé par les Ministres des affaires étrangères et des finances, on lit ces mots : « Si l'émission *des bons* ou SERGHIS venait à cesser. »

(1) Et ici que l'on me permette, en note, une réflexion importante :

Les adversaires demandaient ces 3 pour 100 pendant trois ans, soit 9 pour 100, se fondant sur la différence entre les intérêts qu'ils avaient pris et ceux que les porteurs de serghis avaient reçus ; c'était la base de leur *réclamation modérée*, et le Vice-Roi, dans sa générosité, la leur avait accordée. Mais puisqu'ils veulent trouver dans cette concession du Vice-Roi leur titre à l'indemnité, il faut au moins qu'ils subissent leur propre loi. La base de leur réclamation manque aujourd'hui, la base de la concession du Vice-Roi s'écroule. L'intérêt des serghis n'est que de 9 pour 100, les preneurs de serghis n'ont pas reçu plus que MM. Laffite et Pinard, au contraire, ils n'ont pas eu les 3 pour 100 d'escompte. Tout s'évanouit : réclamation et concession.

Cette affaire, portée devant Votre Excellence, lui donne la preuve de toutes les subtilités qui peuvent entrer dans l'esprit de nos adversaires. Si, comme étranger, la langue française a, pour un Égyptien, des secrets qu'il ne comprend pas, comme homme de bon sens il me semble que la phrase veut dire : « Si l'émission des bons ou si l'émission des serghis vient à cesser. » Les conseils du Vice-Roi pensent que c'est là une *ellipse* très-ordinaire. Mais ce qui est plus curieux encore, c'est la portée que MM. Laffitte et Pinard veulent tirer de ce mot ou, qui rappelle une scène d'une comédie française très-connue des étrangers.

Ils mettent cette phrase en regard d'une note confiée en mai 1861, à M. de Beauval, par le ministère des finances d'Égypte. Cette note ne parle que de *bons du trésor*, JAMAIS DE SERGHIS. « Et cependant, disent-ils, l'émission des serghis avait eu lieu dès le mois d'octobre 1860. On les trouve mentionnés dans l'état financier qui nous fut remis en juin 1861: *bons ou serghis*. On les nommait donc indifféremment *bons ou serghis*. »

S'il y avait dans la note cette confusion, la réponse serait facile, et nos adversaires le savent mieux que personne. Le Gouvernement égyptien, lorsqu'il remit la note, en juin 1861, à MM. Laffitte et Pinard, n'avait qu'un seul objet : *faire connaître la somme totale de la dette*. Elle se composait de diverses natures de créances dues par l'État, les unes frappant directement sur le trésor à des échéances fixes : c'étaient les créances résultant des bons du trésor et des serghis ; les autres frappant également sur le trésor, mais sans échéance déterminée : c'étaient des arriérés, des comptes courants, des commissions pour le chemin de fer, la dette de la compagnie de Suez. Le Ministre comprit sous un seul titre: *bons du trésor*, *toutes les créances sur le trésor à échéances fixes*, c'est-à-dire les bons du trésor proprement dits et les serghis. Il fit autant d'articles séparés qu'il y avait d'autres dettes,

Du reste, il s'agissait alors d'une opération financière considérable : elle avait pour objet de liquider une dette de près de 250 millions ; la nature de chaque dette n'était pas en discussion. MM. Laffitte et Pinard savaient fort bien, au mois de mai 1861 et au mois de juin 1861, qu'il y avait depuis sept à huit mois des émissions de serghis, *puisqu'ils s'en plaignaient en avril 1861*.

7

C'en est trop cent fois de tout ce débat sur la confusion entre les bons du trésor et les serghis. La confusion n'a existé que dans la fertile imagination de MM. Laffitte et Pinard; elle est survenue tout juste quand ils en ont eu besoin pour asseoir leurs prétendus dommages. Voici une preuve décisive: Le Vice-Roi a dû faire une émission de bons de trésor, postérieurement au traité : 1,600,000 francs pour Zizinia. Le Vice-Roi, qui n'a jamais hésité à émettre des serghis pour des sommes considérables (49 millions), n'a pas voulu émettre cette faible somme en bons du trésor. Il n'a fait cette émission qu'après s'être mis d'accord avec le consul général de France.

L'émission des serghis était donc le droit du Vice-Roi.

Mais enfin quel préjudice l'émission avait-elle fait subir à MM. Laffitte et Pinard ?

Nous prions S. Exc. de se reporter à nos observations, dans les pages déjà citées de 20 à 27 ; de se rappeler ce que nous venons de dire sur la base des dommages posés par nos adversaires dans la lettre du 6 novembre 1861. Seulement, je me demande encore sous quels rapports leurs titres ont été dépréciés. Le payement du 10 mars est accompli. La créance est réduite à 22 millions au lieu de 28. Ils ont toujours la garantie spéciale de la Douane d'Alexandrie; mais voici ce que j'apprends dans le mémoire : MM. Laffitte mettent en circulation des valeurs dont les échéances, correspondant à celles de nos bons du trésor, reposent sur l'intégrité de ces mêmes bons ; l'émission des serghis, disent-ils, déprécie évidemment ces valeurs !

Ainsi, outre les 12 pour 100 que MM. Laffitte et Pinard ont retirés de notre opération des 28 millions, ils émettent encore, et sans doute à un très-faible intérêt, à 2 et demi ou 3 pour 100, des valeurs qui font rentrer immédiatement dans leurs mains jusqu'à concurrence de 28 millions, sauf cet intérêt, au lieu des 20,500,000 francs qu'ils nous ont avancés !

Cette nouvelle combinaison, à laquelle évidemment le Vice-Roi n'avait pas pensé, met en circulation les 28 millions que nous avons mis en dépôt au Comptoir. Mais, de deux choses l'une : ou, dans ces négociations, nos adversaires engagent les bons du trésor égyptien, et c'est un abus que nous ne qualifions pas ; ou ils ne s'engagent que sur leur signature, sans que le trésor égyptien soit nommé. Dans le premier cas, outre que nous avons prouvé qu'il n'y pas de dépréciation possible, la négociation serait une violation implicite, mais évidente, de notre contrat de dépôt, le plus sacré de tous les contrats. Dans le second cas, il est bien certain que le Vice-Roi ne peut porter coup à la signature Laffitte et Pinard.

Dans l'un et l'autre cas, ces messieurs se procurent un nouveau bénéfice, qu'évidemment le Vice-Roi n'avait pas prévu, et dont il n'avait pas dû se préoccuper. Mais S. E. jugera.

Et ces banquiers si expérimentés écrivent et font imprimer *qu'on leur a fait comprendre* qu'une dette de 96 millions n'était qu'une dette de 50 millions !

Disons, en terminant ce point, que créanciers d'une partie de la dette du Vice-Roi, seuls ils se plaignent ; et pendant que les finances égyptiennes, marchant hardiment vers une évidente amélioration, donnent aux créanciers les plus solides garanties, le comptoir et son associé se récrient, ils veulent des garanties nouvelles, ils réclament instamment 5 millions d'indemnité, somme bien minime, à côté de ce qu'ils seraient en droit d'exiger !

Ceci nous amène à l'examen du point relatif au contrat avec les banquiers allemands, que MM. Laffitte et Pinard reprochent au Vice-Roi d'avoir conclu *contre le droit de préférence* résultant du contrat du 17 juillet 1860.

S'ils avaient le droit de préférence que le contrat ne leur donne pas, ils n'auraient certes pas à se plaindre ; car la préférence leur a été offerte, non-seulement aux mêmes conditions, mais encore, quand les banquiers allemands traitaient à 11 pour 100, le Vice-Roi maintenait pour eux le chiffre de 11 fr. 53 cent. Ils n'ont pas voulu, et ils se plaignent. Voici le simple récit des faits.

A peine le traité des 28 millions était consommé, que parut la note du 2 octobre. Nous appelons l'attention particulière de Son Excellence sur cette note confidentielle, œuvre d'une habileté consommée, et qui s'adressait à un prince et à des conseils si peu familiarisés avec les habitudes financières de l'Occident. Il ne s'agissait de rien moins que *de l'établissement d'un bon système, et par suite, d'un bon crédit financier.* C'était le plus sûr moyen de mettre l'Égypte à l'abri *d'une grande commotion*, de l'en faire sortir *plus vivace encore et plus puissante.*

Il faut s'y prendre d'avance, ne pas attendre une crise; briser avec les emprunts à courte échéance, indiquer loyalement ses ressources et ses charges; et cette obligation aura pour le Vice-Roi l'avantage de montrer *que son sage Gouvernement* REÇOIT PLUS QU'IL NE DÉPENSE.

Et comme dans cette situation, on pouvait demander POURQUOI L'EMPRUNT? les banquiers répondent : *pour habituer le public à voir les titres égyptiens circuler sur les grandes places de l'Europe.*

Ce travail, qui n'avait d'autre but, légitime d'ailleurs, que de mettre les finances égyptiennes aux mains de ces messieurs, proposait *une dette inscrite,* qui devait être le but du Gouvernement. Les titres de la dette inscrite, jouissant d'une plus grande faveur *sur les places de l'Europe,* serviraient, avant tout, à rembourser la dette flottante, exigible dans de courts délais.

Ce qui suit est d'une importance immense dans notre débat actuel.

La note admet, d'une part, l'adhésion du Gouvernement de l'Empereur, l'émission sur la place de Paris; d'autre part, *la légalité de l'opération;* c'est-à-dire qu'elle pourra *légalement* se faire sans nécessité de l'approbation du Sultan, ou avec son adhésion. *Il ne faut pas inspirer des inquiétudes politiques sur les intentions du Vice-Roi.*

La note propose un premier emprunt peu considérable, puis une seconde émission, puis une troisième, habilement ménagées, et permettant, au besoin, le placement éventuel et avantageux de titres nouveaux de la dette flottante, les premiers étant libérés par anticipation.

La note s'occupe ensuite des conditions de l'emprunt, et l'on y lit cette phrase qui devait merveilleusement toucher les nobles sentiments du Vice-Roi : « Ce serait un grand honneur et un grand crédit pour les finances égyp-
« tiennes, que de pouvoir arriver, dans des délais rapprochés, au rem-
« boursement des titres 6 pour 100 de sa dette inscrite, par un nouvel
« emprunt, opéré à un intérêt inférieur; comme ç'aurait été déjà, au point
« de vue financier, un grand honneur et un précieux crédit que d'avoir pu
« rembourser la dette flottante par l'ouverture du grand-livre de la dette
« inscrite. »

Et les rédacteurs comparaient l'Égypte à la France !

Et ils finissaient par une offre du concours le plus dévoué, dans l'espérance qu'une ère nouvelle de prospérité et de grandeur s'était ouverte pour l'Égypte, sous l'influence du prince éminent qui préside à ses destinées !

Le Vice-Roi, sous l'empire de toutes ces caresses, délibérait et voulait lui-même préparer cet avenir par ses économies; en attendant, Draneht Bey, le mandataire, avait à Paris des conférences sérieuses avec ces messieurs qui, le 2 décembre, présentaient une seconde note renfermant le résumé suivant :

« Nous résumons et nous confirmons ici les conclusions des conférences dans lesquelles nous avons plus récemment encore exposé nos idées à un éminent mandataire de Son Altesse.

« Nous croyons que la question serait réduite à son expression la plus simple, si des titres de rentes 6 pour 100 consolidés étaient émis à un cours qui en permît le placement en France et en Angleterre, jusqu'à concurrence de la somme nécessaire pour rembourser les bons émis par le trésor égyptien.

« Les conséquences d'une pareille concession seraient un allégement considérable des charges annuelles qui pèsent actuellement sur le trésor égyptien :

« 1° Parce que l'intérêt de la dette consolidée, négociée en Europe, devra être moins élevé que celui qui est payé aujourd'hui en Égypte;

« 2° Parce que l'obligation de rembourser le capital disparaissant, il ne reste plus que l'obligation de servir les intérêts de la dette.

« Il serait toutefois indispensable que les titres de la dette consolidée fussent admis à la négociation des bourses étrangères, et notamment de la bourse de Paris.

« Dans ces conditions nous sommes prêts à nous mettre à la disposition de Son Altesse, afin de poursuivre auprès du Gouvernement de l'Empereur les démarches nécessaires pour obtenir ce résultat. »

Draneht Bey partit pour Alexandrie, mais il sollicita de MM. Laffitte et Pinard l'envoi d'un agent de leur maison, qui serait accrédité près de S. A. et qui soutiendrait leurs propositions. M. Chovet, délégué par eux, l'accompagna dans ce voyage et, plus tard, des lettres officielles l'accréditèrent.

Mais à peine étaient-ils arrivés, qu'éclata la catastrophe de Mirès : l'emprunt ottoman ainsi manqué, le Vice-Roi ne pouvait faire lui-même un grand emprunt; il fallut attendre. On renvoya toute pensée financière jusqu'au retour du Vice-Roi, qui allait faire la sainte visite à la Mecque.

MM. Laffitte et Pinard se persuadèrent peut être que la pensée du Prince était abandonnée ; ils écrivirent à Draneht Bey.

Pour la première fois, ils se plaignaient de l'émission des serghis. On lisait dans cette lettre : « Il résulte des informations qui nous sont parvenues que les fonds provenant de la négociation des 28 millions auraient reçu, en grande partie, un autre emploi que celui auquel ils avaient été destinés ; que pour faire face à de nouveaux besoins et pourvoir, en même temps, au remboursement successif des bons en circulation, le Gouvernement égyptien aurait été dans la nécessité d'émettre sous le nom de Serghis ou Sannad *des obligations à ordre*, à des échéances variant de trois à vingt-sept mois ; qu'enfin ces émissions *auraient eu pour résultat de déprécier les anciens bons*, dont le taux d'escompte se serait alors élevé à 11 1/2 et 12 pour 100, et de porter la dette flottante de l'Égypte de 110 à 120 millions.

On ne peut méconnaître *qu'une émission d'obligations à ordre*, réalisée en dehors des circonstances exceptionnelles dont l'appréciation avait été laissée à la sagesse du Vice-Roi, ne soit en réalité un emprunt nouveau, contracté par le Gouvernement égyptien, contrairement à l'interdiction portée en l'art. 7 du traité. »

De tout cela, il n'y avait de vrai que l'émission des serghis aux échéances indiquées; il n'y avait pas d'obligations à ordre, les anciens bons n'avaient pas été dépréciés, le taux de l'escompte, au lieu de s'élever à 11 et 12 pour 100, était descendu à 9, l'émission des serghis laissait libres des sommes importantes, avec lesquelles on éteignait les bons du Trésor.

La lettre se continuait ainsi :

« Avant de recourir à des voies extrêmes, nous avons cru devoir appeler votre sérieuse attention sur les faits que nous venons de signaler et dont vous apprécierez toute la gravité. Nous désirons éviter tout éclat fâcheux, et c'est dans ce but que nous nous adressons à vous, à titre tout amical, pour vous prier de vouloir bien réclamer auprès du Gouvernement égyptien des éclaircissements et nous les transmettre sans retard. »

Évidemment, cette lettre n'avait qu'un but : la reprise des négociations. Elles furent reprises. Il s'agissait, d'après les notes, d'un système complet de finances. Le 15 juin, le Vice-Roi fournit un état de ses dettes, un état de ses revenus et de ses dépenses.

Votre Excellence a sous les yeux ces tableaux qu'elle a connus.

Sur la connaissance de cette situation, MM. Ch. Laffitte et Pinard font la proposition contenue dans leur note du 24 juin.

Mais leurs prétentions grandissaient par l'empressement mis à leur répondre. Il est impossible de se figurer comment et dans quel style ils établissaient leur note. Sur le reproche de limitation des garanties par l'émission des serghis, le Vice-Roi, devant la pensée de sortir à jamais, par une grande opération, de tous ses embarras financiers, en se plaçant l'égal du Gouvernement européen, avait offert une généreuse indemnité. On lui répondit en ces termes : « Après les explications franches et loyales qui nous ont été données sur la situation financière de l'Égypte, etc.........

« C'est ainsi que, récemment encore, il a été conduit à émettre, sous le « nom de serghis ou de senad, des obligations à ordre, et que ces émis- « sions ont réagi d'une manière regrettable sur l'escompte des anciens « bons, et augmenté la difficulté de leur négociation en affaiblissant leur « crédit. »

On sait qu'il n'y a pas un mot de vrai dans ces énonciations ; mais voici qui est bien autrement grave :

« D'autre part s'est trouvée détruite dans son principe l'économie DE « L'ART. 1er DE NOTRE TRAITÉ du 17 juillet 1861, par lequel le Gouverne- « ment *s'engageait à affecter au remboursement des bons du trésor, alors en* « *circulation, le net produit de ceux qui étaient créés pour être remis à* « *M. Ch. Laffitte.*

Ainsi le préambule exprimant un désir et une résolution du Vice-Roi devient, sous la plume de ces messieurs, l'art. 1er du contrat, qui oblige le Vice-Roi !

Ils ajoutaient :

« Enfin est mise à néant la mesure conservatrice par laquelle (art. 7)
« S. A. s'interdisait de faire aucune autre émission de bons du trésor,
« jusqu'à ce que le remboursement de ceux qui se trouvaient en circulation
« en eût réduit l'importance à 10 millions. »

L'émission des serghis était donc interdite comme l'émission de bons du
Trésor ! Après avoir inventé un art. 1ᵉʳ en remplacement du préambule,
nos adversaires faisaient cet art. 7 à leur manière.

Et ils continuaient ainsi :

« Tels sont aussi les faits qui se sont produits en infraction aux disposi-
« tions essentielles du traité. »

Après ce préambule qui se prolonge encore, en déclarant que les déro-
gations signalées *rendent exigible le remboursement immédiat des 28 millions prêtés*, arrivent enfin les propositions : *unification de la dette flottante*,
création, en conséquence, des bons du Trésor ou d'obligations remboursables dans un certain nombre d'années, ce qui serait un acheminement
vers la consolidation du budget de la dette publique.

LE DÉPÔT AU COMPTOIR D'ESCOMPTE DE CINQ CENT MILLE TITRES NOU-
VEAUX, *au capital nominal de* 500 fr. portant 25 fr. d'intérêt, à émettre à
300 fr. remboursables chaque année par deux tirages au sort semestriels,
à Paris, à raison de 23 millions par an.

Les 28 millions QUI SONT DEVENUS EXIGIBLES, *devant être remboursés avant
toute autre dette*.

Le *Comptoir d'escompte serait l'agent financier de l'opération.*

MM. Ch. Laffitte et Compagnie percevraient 6 pour 100 de commission sur le
CAPITAL NOMINAL *des obligations, à mesure de leur placement; plus, 1 1/2 pour*
100 *sur les sommes annuellement payées à Paris (les 23 millions).*

Venaient ensuite les conditions particulières à accepter par le Vice-Roi.

Une sorte de budget annuel, *la formation immédiate d'*UNE COMMISSION DE
CONTRÔLE *spécial, dont la responsabilité morale garantirait les recettes et les
dépenses jusqu'à l'entier acquittement des obligations. Un des membre serait*

choisi parmi les intéressés européens, et l'on accréditerait auprès de S. A. un
agent désigné par les personnes qui se chargeraient de la garantie.

Indépendamment de la garantie générale résultant de la richesse du
pays qui serait engagé tout entier par sa dette, un tiers au moins du revenu
public serait spécialement affecté, notamment les revenus du Delta et ce
qui resterait libre du revenu de la douane d'Alexandrie.

Telles étaient les propositions de ces Messieurs : Votre Excellence re-
marque cette part du lion : 1° les 28 millions sont la première dette rem-
boursée; de sorte qu'après avoir retiré 7,500,000 fr. d'intérêt ou d'escompte sur une opération dont les échéances s'étendaient jusqu'au 30 juin
1865, les prêteurs gagnaient *quatre ans d'intérêt*, depuis le jour de leur entier payement, jusqu'au 30 juin 1865, jour du dernier payement, fixé
par le traité; puis 6 pour 100 d'intérêt sur *le capital nominal* des obligations de 500 fr., qui s'émettraient à 300 fr. Ces obligations représen-
taient : 250 millions au capital nominal, soit 15 millions de bénéfices;
puis 1 et 1/2 pour 100 sur les 23 millions annuellement payés, c'est-à-dire
345,000 fr. de rente annuelle jusqu'à la fin de l'opération !

On comprend, maintenant que cette opération s'est évanouie, toute la
modération de nos banquiers lorsqu'ils se bornent à demander 5 millions
d'indemnité.

Le Vice-Roi fut effrayé de ces lourdes charges, mais il comprit immédiatement qu'il fallait trancher dans le vif, et dès ce moment il conçut la pensée
qu'il a si grandement accompli : réduction énorme dans les dépenses qui,
de 74 millions, tombèrent à 41,300,000 fr. ; extinction immédiate jusqu'à
concurrence de 12 millions, par l'abandon d'immeubles domaniaux,
de la créance de 26 millions due aux soldats et fonctionnaires ; vente de
son argenterie, de ses bijoux, de ses haras.

Et, en attendant, il fit ses contre-propositions ; car si les besoins étaient
grands, les obligations imposées étaient rudes.

Il se montra d'abord très-large sur ce qui regardait les banquiers prêteurs et sur les garanties demandées. Il ne discuta pas les chiffres qu'ils
réclamaient pour eux ; il ajouta même que l'avis du représentant du Gouvernement français serait le sien ; mais il ne voulut pas reconnaître *le droit,*

8

c'est-à-dire la violation du contrat par l'émission des serghis, qui rendait les 28 millions exigibles. Il écrivit : « Les 28 millions dus au Comptoir d'escompte *seront payables aux échéances et sur les conditions antérieurement déterminées;* seulement le premier payement, échéant en septembre, sera prélevé sur le nouvel emprunt. Cela posé, et *comme les 28 millions allaient être compris dans les garanties de l'emprunt tout entier,* il reconnut qu'il avait diminué les garanties par l'émission des serghis; il accorda 840,000 fr. comme prime de 3 pour 100 ; il accorda la commission de 6 pour 100 sur le capital réel; il accorda la commission de 1 et 1/2 pour 100 ; il accorda, enfin, à l'emprunt tout entier, la garantie des revenus du Delta.

Ce qu'il se réserva, *c'est le chiffre de cet emprunt.* Il proposa de *le déterminer après l'examen des états indiquant le montant réel de la dette et celui des ressources de chaque année,* remettant toujours, selon son usage, la décision de toute contestation, s'il s'en élevait, à la décision du Gouvernement français.

On sait que le Vice-Roi se résolut à la création de la commission du contrôle, dans laquelle il admettait un délégué du Comptoir d'escompte, sous la seule modification que le Gouvernement français apprécierait le moment où cet agent cesserait d'en faire partie. Il exigeait pourtant que le traité définitif, en fixant les attributions de cette commission financière, *évitât tout ce qui pourrait être blessant pour l'indépendance de S. A., en rendant ses dispositions compatibles avec l'organisation, les lois et les mœurs du pays.*

Ces contre-propositions furent signées de la main de Saïd-Pacha et remises à Draneht-Bey, qui partit avec une lettre du Prince lui donnant tous les pouvoirs nécessaires.

Il portait avec lui un nouvel état sous la date du 20 août 1861 ; c'était l'état des recettes et des dépenses pendant les quatre années 1861, 62, 63 et 64. On lisait à la colonne d'observations ces mots décisifs :

« Il est bon de remarquer qu'il y a *augmentation dans les recettes et forte réduction dans les dépenses, ce qui a été opéré tout récemment.* »

En effet, des recettes annuelles de 89,700,000 francs correspondaient à des dépenses annuelles de 41,340,000 fr., la maison du Vice-Roi comprise; et, comme dans les deux dernières années, deux dettes qui finissaient dans les deux premières, les serghis et les commissions, no reparaissaient plus au budget, la colonne d'observations renfermait encore ces mots :

« L'excédant des recettes des deux dernières années est tellement au-
« dessus des dépenses, qu'il offre une garantie plus que suffisante pour le
« remboursement de toute la dette et de l'emprunt projeté. »

Le chiffre de l'emprunt déterminé par le Vice-Roi n'était plus que de
42 *millions effectifs*, au capital nominal de 70 millions.

Entre Drancht-Bey et les prêteurs, les pourparlers recommençèrent;
ils étaient prolongés, surtout par la fixation du chiffre. Le Vice-Roi ne voulait pas emprunter plus de 70 millions, capital nominal; MM. Laffitte et
Pinard voulaient que l'emprunt fût de 250 millions au moins. Pendant que
ces négociations se poursuivaient, une circonstance grave en arrêta le cours.
Appelé une première fois à Constantinople par le Sultan, Saïd Pacha, qui
ne voulait s'y rendre qu'après la conclusion de l'affaire, pour éviter de demander à la Porte l'autorisation de traiter, reçut une seconde invitation
qui ne lui permettait plus de différer. Force fut, lorsqu'au même moment
où le traité allait se conclure, il se trouva en face de son suzerain, de lui
faire connaître la situation de cette affaire de finances, qui devait se résoudre en un emprunt considérable.

Le Sultan refusa son adhésion à un contrat qui voulait l'émission sur
les places européennes et une commission de contrôle. La rupture fut annoncée à Drancht Bey et à MM. Laffitte et Pinard par Votre Excellence
elle-même; c'était une force majeure devant laquelle toute résistance était
impossible.

Le mécontentement de ces Messieurs prit un caractère d'hostilité complète. Ils adressèrent à S. A. elle-même, le 26 septembre 1861, une lettre,
dont voici les derniers paragraphes :

« Cette rupture nous crée une situation nouvelle.
« Elle nous place, quant au passé, dans la nécessité de protester de
« nouveau et de la manière la plus formelle et la plus énergique, contre la

« violation du Traité du 17 juillet 1860, dans plusieurs de ses clauses les
« plus radicales ; elle nous impose en outre le devoir de formuler à l'a-
« vance les mêmes protestations contre toute nouvelle atteinte qui pour-
« rait être portée au Traité, et notamment en ce qui concerne l'émission
« de nouveaux engagements du Trésor.

    « Nous demandons enfin des garanties nouvelles et une indemnité pour
« le tort qui nous a été fait à divers titres, par l'émission des serghis, et
« par le taux d'intérêt payé sur ces obligations du Trésor : le tout sous
« la réserve des autres droits que nous aurions à faire valoir par suite des
« infractions signalées dans notre lettre du 18 juin, et rappelées dans
« celle-ci. »

Le surlendemain, c'est à Draneht-Bey qu'ils envoyaient leur réponse
détaillée. Encore une fois, ils font à leur gré un récit qui leur donne le
rôle honnête et délicat, qui met du côté du Vice-Roi tous les mauvais pro-
cédés ; mais ce que toute la bonne volonté du monde ne pourra leur concéder, c'est l'incroyable prétention formulée dans ce passage de leur
longue lettre :

    « Sans doute, dans une tendance à indiquer au nom du Trésor une
« sorte de respect de l'art. 7 précité, Votre Excellence ajoute en
« quelques mots *qu'elle nous a proposé de nous charger de cet emprunt*
« A FORFAIT, *que nous l'avons refusé, et que, regrettant de n'avoir pu s'en-*
« *tendre avec nous, elle s'adresse à d'autres maisons de banque.*

    « Dans ce résumé si succinct des mesures prises par le Trésor, que
« représente Votre Excellence, il nous est impossible de rien trouver
« qui satisfasse à la lettre ni à l'esprit de l'art. 7.

    « Cet article, en effet, dit formellement que *Son Altesse s'engage à*
« *confier,* PAR PRÉFÉRENCE A TOUS AUTRES, A MM. CH. LAFFITTE ET COMP.,
« *la négociation des nouveaux bons, aux conditions qui seraient arrêtées*
« *d'un mutuel accord.*

    « Il est évident que cet article impose à Son Altesse l'obligation de
« droit et d'honneur de nous faire connaître les conditions qui lui
« seraient offertes sérieusement et positivement par d'autres maisons,

« afin de s'assurer si nous voulons ou non les accepter, et de ne
« traiter avec ces maisons qu'après nous avoir donné la préférence, et
« sur notre refus. »

Quoi ! le Vice-Roi est contraint de proposer tous ses projets d'emprunt
à ces Messieurs ! Quoi ! l'art. 7 qui leur donne une préférence *en cas d'é-
mission de nouveaux bons du trésor*, dans une circonstance prévue, leur
donne cette même préférence pour toute opération de finance, qui aura un
emprunt pour objet ! Quoi ! S. A. ne peut traiter avec aucune maison qu'APRÈS
AVOIR FAIT CONNAÎTRE à MM. *Laffitte et Pinard les* CONDITIONS QUI LUI SERAIENT
OFFERTES, *pour s'assurer s'ils voulaient les accepter !* Quoi ! c'est seulement
après leur avoir donné la préférence, et SUR LEUR REFUS, que S. A. aura la
permission de traiter avec d'autres maisons !

Et le tout parce qu'ils lui ont prêté 28 millions !

Ce n'est plus une prétention possible, c'est de la déraison !

Dix jours après cette missive à Draneht Bey, ils en adressaient une autre
au Vice-Roi. Elle est bien différente, elle tend à la persuasion, elle mérite
d'être rapportée tout entière.

« Paris, 8 octobre 1861.

« A. S. A. le Vice-Roi d'Égypte.

« Altesse,

« J'ai appris *avec regret*, par Draneht Bey, que vous avez cru devoir,
« *après l'avoir acceptée*, refuser notre combinaison financière pour en ac-
« cueillir une autre inefficace selon moi. »

Disons ici, que le Vice-Roi n'avait pas *accepté* la proposition
financière, les contre-propositions élevaient encore plus d'un obstacle ; qu'il n'avait pas non plus *refusé ;* la lettre de Zoulfidkar Pacha,
en date du 14 octobre, parle, au contraire, de continuer les négociations.
Poursuivons maintenant :

« Je le regrette, parce que, *malgré la valeur des personnes qui vous ont
« offert leur concours*, je n'hésite pas à croire leur système défectueux :

« *Sans public, on ne trouve pas 60 millions ; sans garantie, sans contrôle,
« sans négociation cotée à la Bourse, pas de public.*

« Animé de ces convictions, vous m'excuserez de demeurer persuadé que
« les 60 millions *ne sauraient, par un autre système que le nôtre, vous être*
« *procurés.*

« J'ajouterai qu'en maintenant dans leur intégrité les stipulations de notre
« contrat, vous auriez assis, sur des bases solides, ce caractère et cette répu-
« tation de bonne foi financière, plus nécessaires encore aux États qu'aux
« particuliers, et si conformes à vos intentions.

« *Avec nous, par nous, vous aviez argent, crédit pour le moment, crédit pour*
« *l'avenir,* non-seulement crédit financier, mais *crédit politique, indépen-*
« *dance autonomique.*

« Tout en *coopérant à la fortune publique de l'Égypte,* j'avais de plus en
« vue de *seconder la consolidation de la fortune privée du Prince et du chef de*
« *famille.*

« Permettez-moi donc d'espérer qu'après mûre réflexion, ayant consulté
« vos serviteurs les plus fidèles et les plus éclairés, vous vous convaincrez
« *que vous attachez aux objections de la Porte un caractère trop absolu;* vous
« apprécierez de nouveau l'ensemble de nos propositions, comme vous
« l'avez fait dès le principe, et, que par une acceptation nouvelle et défini-
« tive, vous épargnerez aux signataires du traité du 17 juillet le pénible de-
« voir de protéger, par tous les moyens en leur pouvoir, leur fortune, leur
« crédit et leurs droits.

« Je supplie Votre Altesse, etc.

« *Signé* Ch. Laffitte. »

Sauf cette dernière phrase, jetée du reste avec réserve, cette lettre est
le complément d'un système qui a dirigé, dès le principe, depuis la note du
2 octobre 1860, jusqu'au 8 octobre 1861, la conduite de nos adversaires.
Ils voulaient être les seuls banquiers de l'Égypte.

Toute cette lettre repose sur de fausses bases :

La valeur des personnes qui ont offert leur concours ne laisse aucune
place au système des adversaires.

Le Vice-Roi trouvera (s'il faut en croire les dépêches des journaux, il
a trouvé) l'emprunt qui lui était nécessaire, *sans public, sans garantie*
spéciale, sans contrôle, sans cote à la Bourse.

Sans ces Messieurs, le Vice-Roi trouve *argent et crédit.*

Quant à l'*indépendance autonomique*, si elle consiste à n'avoir, dans ses finances, aucun agent étranger, le Vice-Roi l'a complétement. Il lui fallait sans doute l'adhésion du Sultan pour emprunter, mais les conditions refusées par le Sultan étaient celles qui *gênaient l'indépendance et l'autonomie de Son Altesse.* Je sais bien que M. Laffitte promettait l'intervention du Gouvernement de l'Empereur pour amener la Porte à consentir !

La coopération de MM. Laffitte et Pinard à la fortune publique de l'Égypte reposait sur des conditions blessantes, elles ont disparu ;

Quant à la fortune privée du prince et du chef de famille, le Vice-Roi a pris les meilleurs moyens de la consolider, en restreignant, jusqu'à des jours meilleurs pour les finances de l'État, sa maison et son intérieur à 1,300,000 fr. pris sur le budget, prenant sur ses revenus particuliers le complément des dépenses de sa maison qu'il a noblement réduites. Le Sultan n'avait pas accordé l'autorisation de traiter avec d'autres compagnies, des négociations se suivaient encore entre Draneht Bey et MM. Laffitte et Pinard, sous la haute médiation de Votre Excellence. Quel fut l'étonnement de Draneht Bey, de s'entendre demander des explications au nom de Son Altesse ! On disait au Vice-Roi que, malgré la volonté de Votre Excellence, malgré le mécontentement même de l'Empereur, qui voulait que l'emprunt fut accordé à des maisons françaises, Dranhet Bey avait rompu avec MM. Laffitte et Pinard, avait traité sans vous en prévenir avec des maisons allemandes. C'était un bruit public dans Alexandrie, bruit considérable, qui s'était élevé jusqu'au Vice-Roi, à qui on l'avait présenté comme une certitude. D'où provenait-il ? Je ne sais. Votre Excellence avait vu toute ma correspondance, elle avait pensé que je marchais d'accord avec mes instructions ; ma justification était trop facile, mais le bruit avait pris une telle consistance que le Vice-Roi voulut faire écrire à M. le gérant du Consulat français. Voici la lettre de son ministre en date du 14 octobre.

« Alexandrie, 14 octobre 1861.

« Monsieur le Gérant,

« Son Altesse le Vice-Roi me charge de vous exprimer que *vous avez*

« *bien fait d'arrêter les protestations que M. Chovet était chargé d'adresser*
« *au Gouvernement égyptien.*

« En effet c'est par un malentendu que les négociations entamées, à
« Paris, avec la médiation de M. Thouvenel, ministre des affaires étran-
« gères du Gouvernement français, ont été abandonnées.

« Son Altesse prie Son Excellence de vouloir bien reprendre les pou-
« voirs qu'Elle avait acceptés.

« Mais en même temps le Vice-Roi a trop de confiance dans le Gou-
« vernement de S. M. l'Empereur pour ne pas s'ouvrir à lui sans réserve,
« et pour ne pas lui avouer que son désir est de ménager ce qu'il peut y
« avoir de légitime dans les susceptibilités de la Sublime-Porte.

« En conséquence, tout en remettant les choses dans l'état où elles se
« trouvaient avant l'abandon des négociations, Son Altesse vous prie de
« demander à M. le Ministre de ne rien conclure de définitif avant qu'Elle
« ait reçu la réponse de Constantinople, et surtout celle que vous attendez
« vous-même aux communications que vous lui avez adressées de sa part à
« la date du 8 octobre courant.

« Veuillez agréer, Monsieur le Gérant, l'assurance de ma haute consi-
« dération.

« *Le Ministre des affaires étrangères,*

« Signé ZOULFIKAR-PACHA. »

On lit aux pages 13 et 14 de leur mémoire imprimé l'explication que
nos adversaires donnent de cette lettre ; c'est à s'y perdre. Ils ont une
manière d'arranger les faits qui n'appartient qu'à eux.

Je ne m'arrêterai pas sur le mémoire du 6 novembre, nouvelle explication, toujours la même, de leurs prétentions ; mais comment peuvent-ils
encore soutenir que les nouvelles négociations n'avaient lieu que pour faire
naître LE PRÉTEXTE DU REFUS DE LA PORTE, lorsque ce refus est un fait
officiel, lorsque la précieuse lettre du 8 octobre, écrite par nos adversaires,
présente le Vice-Roi *comme donnant aux objections de la Porte un caractère
trop absolu !*

Comment peuvent-ils rappeler que Drancht Bey, autorisé par le Vice-

Roi, avait conclu et signé avec la Banque de Saxe le traité d'emprunt, avant la lettre de Zoulfikar-Pacha, quand ils savent mieux que personne qu'après le traité, qui ne pouvait pas être définitivement conclu par Draheht Bey avec la Saxe, les négociations avec eux se sont poursuivies, quand la lettre du 14 octobre en a ordonné la continuation ; quand leurs conditions et celles de la banque de Saxe ont été transmises en même temps à Sa Hautesse, à Constantinople, ainsi que le porte cette même lettre.

Ces faits sont parfaitement éclaircis.

Il reste maintenant à dire quelles sont les différences essentielles entre le traité proposé par la Banque de Saxe et le traité proposé par notre adversaire. Ces différences, M. Laffitte les a toujours connues par moi.

Sur les premières propositions des maisons allemandes, j'avertis M. Laffitte et lui proposai de conclure ; sur l'assistance des banquiers allemands, j'insistai près de lui, toujours vainement. Je trouvais toujours chez MM. Laffitte et Pinard cette invariable résolution , qui résume d'ailleurs leur lettre du 8 octobre : *Émission de titres publics, dont la vente serait faite par eux pour le compte du Vice-Roi, non à forfait ; la cote à la Bourse ; la commission de contrôle.* Les trois conditions étaient rejetées par la Porte, la troisième surtout excitait une répulsion absolue.

Le 26 septembre, je leur rappelai, dans ma lettre, qu'ils tenaient toujours à ces conditions : « Vous savez le refus de Son Altesse *par des motifs que vous connaissez. Je suis sur le point de traiter avec une autre maison de banque.* »

Le traité a été signé le 27 au soir chez M. Mocquard, notaire.

Et ils ne connaissent pas, disent-ils, le traité! Mais leur lettre du 8 octobre est si explicite qu'elle défie toute interprétation : ils savent le chiffre, puisqu'ils disent que sur les conditions dont ils parlent, on ne trouve pas 60 millions ; ils veulent forcer la volonté de la Porte : *public, cote à la Bourse, contrôle*, ils veulent tout, et ils assurent au Vice-Roi *l'indépendance autonomique et la consolidation de sa fortune privée, de chef de famille.*

Et ils disent aujourd'hui qu'on ne leur a pas communiqué le contrat allemand ! S'ils veulent dire que le contrat n'a pas été mis sous leurs yeux, nul ne le conteste ; mais je leur ai dit et écrit : « Cessez de vouloir vos trois conditions, maintenant inacceptables par les motifs que vous connaissez,

9

le Vice-Roi adoptant le surplus des contre-propositions, même le chiffre de 11 fr. 53 c. »

Et maintenant écoutons MM. Laffitte (page 42 de leur mémoire) :

« Il serait plus que singulier, disent-ils, qu'après avoir repoussé le sys-
« tème prudemment offert par MM. Ch. Laffitte et Cⁱ, pour l'unification
« et la consolidation, d'abord perpétuelle, puis transitoire, de la dette
« égyptienne, le Vice-Roi fût autorisé, par sentence arbitrale, à faire avec
« d'autres ce qu'il a refusé de faire avec eux et avec l'arbitrage même de
« Son Excellence, *car les projets sont analogues*, et qu'il pût montrer ainsi
« à quel point *étaient peu sérieuses les résistances alléguées de la Porte.*

« Le principe de la préférence une fois admis, qu'il s'applique à tout
« emprunt ou se restreigne aux bons du Trésor et autres valeurs identi-
« ques, en quoi consistera ce droit de préférence ?

« On demande sérieusement s'il ne se borne pas à une tentative directe
« de négociation avec les signataires du Traité, à une rupture qu'il est
« toujours si aisé d'amener, à une négociation entamée et conclue dès
« lors avec d'autres, sans qu'il soit nécessaire de communiquer aux titu-
« laires du droit de préférence les propositions des nouveaux banquiers,
« et sans leur donner les moyens de se les approprier si elles leur con-
« viennent. »

Ne nous arrêtons pas sur ce ton cavalier accusateur, toujours le même : perfidie, dissimulation du Vice-Roi dans toute sa conduite ; voyons le fond des choses :

Que voulaient MM. Laffitte et Pinard ?

1° La cote. La Banque ne la réclamait pas ;

2° La négociation pour le compte du Vice-Roi. La Banque traitait à forfait ;

3° Une affectation sur la fortune particulière du Vice-Roi. La Banque n'y a pas songé ;

4° L'arbitrage du consul de France. La Banque abandonnait toute in-tervention.

5° *La commission de contrôle.* Il n'en est pas question dans le traité avec la Banque ;

6° L'annuité de l'intérêt et de l'amortissement fixée à 12 1/4 par an.

Soit, en prenant le chiffre de 60 millions. . . . . 7,850,000 fr.
Le traité allemand fixe cette annuité à 11 pour 100,

soit à. . . . . 6,600,000 fr.

Différence. . . . . 750,000 fr.

7° La commission de 1 1/2 pour 100 sur les annuités à rembourser? la banque ne demande que 1/2 pour 100. Différence annuelle, 73,500; en tout, 823,000 fr.

Il y a plus : comme pour empêcher la confirmation du traité par le Vice-Roi, on faisait circuler des bruits tendant à discréditer la Banque, elle s'engagea, par lettre spéciale, à faire ratifier le contrat par les signatures des maisons Erlanger frères, Bethman, Kœnigswarter, de Francfort, Er-langer, de Paris, et par celle de l'*Ottoman Bank*, de Londres.

Voilà comment s'établissent *les analogies* aux yeux de nos adversaires !

Il faut finir. Par suite de cette immense bienveillance que le Vice-Roi a montrée dans toute cette affaire, il a voulu, sans que le traité du 17 juillet 1860 eût songé à lui en faire une obligation, donner à MM. Laffitte et Pinard la préférence, même pour un emprunt qui tendait à liquider toute sa dette. MM. Laffitte et Pinard ont refusé. Ils se font aujourd'hui une arme contre le Vice-Roi d'une faveur qu'il leur avait accordée.

C'est ainsi, du reste, qu'ils agissent pour établir *leur droit incontestable à l'indemnité.* Dans un projet de contre-proposition qui s'étendait à la pensée d'une combinaison financière considérable, pour faire taire des préten-tions que la grandeur du nouveau traité rendait sans péril, le Vice-Roi leur concède qu'il y a une diminution de garantie, il leur accorde une somme déterminée. Les adversaires n'acceptent pas l'opération, elle s'évanouit; ils se font aujourd'hui une arme contre le Vice-Roi d'une faveur qu'il avait accordée pour d'autres prévisions.

Au reste, dans leurs reproches où l'injure se mêle au raisonnement, ils attaquent tout.

Nous avons fait connaître dans un état spécial la situation des finances égyptiennes au 20 août 1861; ils comparent cet état à celui qui leur a été remis au mois de juin 1861, et ils soutiennent que les chiffres se contredisent et que la dette flottante était bien plus considérable que nous ne le disons.

Rien de plus facile pourtant à établir.

Dans nos observations, nous disons : en 1860 la dette était d'environ 97 millions.

Dans le tableau du mois de juin 1861, elle était de 123 millions ; c'est donc 29 millions de plus.

Oui, cette augmentation avait eu lieu de juillet 1860 à juin 1861.

Mais comme, depuis lors, le Vice-Roi a éteint une partie de sa dette, le résultat définitif n'est pas une augmentation, c'est au contraire une diminution qui l'a réduite à 91 millions. Ainsi la dette qui, en réalité, s'élevait en juillet 1860 à 97 millions, en juin 1861 à 123, est descendue en janvier 1862 à 91 millions. Tout cela concorde parfaitement, chaque note donnée est une note exacte.

Votre Exc. remarquera combien la dette égyptienne est devenue légère par les énormes réductions dans la dépense ! De 74 millions, elles sont tombées à 44 millions, quand les recettes sont de 89 millions. Pour parer à un emprunt, là où chaque année laisse un boni de 48 millions, où sera l'obstacle ? Ce qui rend l'emprunt nécessaire, ce n'est pas *la dette*, ce sont les échéances. Ces échéances sont, en 1862 et 1863, de 126 millions la première année, de 97 millions la seconde ; comme il ne reste, pendant ces deux années, que 48 millions chaque année pour en payer 126 la première et 97 la seconde, le Vice-Roi aime mieux, pendant quatre ans, sacrifier quelques sommes d'argent, mais acquitter régulièrement ses échéances. A compter de 1864, sa liberté financière lui est acquise, ce qui vaut bien l'*indépendance autonomique* dont MM. Laffitte et Pinard voulaient le gratifier.

En résumé : 1° nous devons encore à MM. Laffitte et Pinard 22 millions 750,000 fr. ; les trois premiers payements, chacun de 1,750,000 fr., ont été régulièrement accomplis. Notre état financier s'est évidemment amélioré depuis 1860 ; ils ont pour garantie de 22,750,000 fr. la même garantie qu'ils avaient pour 28 millions, l'affectation du revenu de la douane d'Alexandrie. Ils ont, par conséquent, dans l'amélioration de nos finances et dans la diminution de leur créance réduite de 5,250,000 fr., des garanties plus solides encore qu'au jour du contrat dont ils supposent la violation. Il n'y a donc pour eux aucun préjudice actuel, aucun préjudice possible.

2° L'émission *des bons du trésor* nous était seule interdite ; nous n'avons pas émis *de bons du trésor*, nous n'avons donc pas violé le contrat. *Les serghis ne sont pas des bons du trésor,* l'interdiction ne frappait que sur *les bons du trésor ;* en émettant des serghis, nous n'avons donc pas violé le contrat.

3° Il n'est pas vrai que cette émission de serghis ait été faite à l'intérêt de 12 pour 100 ; elle a été faite à l'intérêt de 9 pour 100, à des conditions plus favorables de 3 pour 100 que le prêt de 28 millions. Si donc l'émission nous eût été interdite, la base manquerait à l'indemnité de 3 pour 100 réclamée par les adversaires pour cette différence, qui aurait déprécié *leurs bons ;* mais nous avions le droit d'émettre des serghis.

4° Il n'est pas vrai que *les serghis* aient augmenté notre dette flottante, sans doute, momentanément, quand il fallait pourvoir à des besoins urgents, leur émission a augmenté la dette ; mais en nous procurant les fonds nécessaires au payement de nos autres dettes, l'émission des serghis nous a permis d'employer à éteindre *des bons du trésor,* des ressources qu'il laissait libres, de sorte que la dette flottante, provenant des bons du trésor, a diminué de près de 12 millions.

5° *Les bons du trésor* remis à MM. Laffitte et Pinard étant un dépôt en leurs mains, ils ne peuvent subir aucune dépréciation, *puisqu'ils ne peuvent pas être négociés et qu'ils doivent être payés à chaque échéance à leur valeur nominale ;* aucun préjudice actuel n'est subi, puisque les trois bons échus sont payés ; aucun préjudice n'est possible dans l'avenir, puisque les autres bons ne formant plus que 22,750,000 fr. au lieu de 28, sont garantis, par l'affectation spéciale des douanes d'Alexandrie et par l'amélioration de nos finances.

De sorte qu'on cherche vainement quelle peut être la perte qui donnerait lieu, de la part de nos adversaires, à une demande de dommages-intérêts.

On cherche vainement encore de quel gain ils ont été privés.

Ils ont d'abord gagné 7,500,000 fr. sur les 28 qu'ils nous ont prêtés ; c'est un gain légitime, qu'on ne leur reproche pas, mais important.

Il paraît ensuite que, pour rendre immédiatement productif le dépôt des 28 millions qui devait rester immobile dans leur caisse, ils ont négocié des traites de valeur égale, qui ont fait de suite rentrer dans leurs mains, non-seulement les 20,500,000 fr., produit net de leur emprunt, mais les 28 millions, moins le faible intérêt que doit perdre leur signature ; affaire de banquier, dont le Vice-Roi leur laisse la responsabilité comme le profit. Jusque-là point de manque à gagner. Ils auraient manqué à gagner sur les émissions des serghis, si la préférence leur eût été dévolue par l'art. 7 du contrat ; mais les serghis n'étant pas des bons du trésor, ils n'avaient pas de préférence à réclamer ; donc pas de manque à gagner sur ces émissions.

Ils auraient manqué à gagner sur l'opération traitée avec la Banque de Saxe, si la préférence leur eût appartenu aux termes de l'art. 7 du contrat ; mais il n'entrera dans l'esprit de personne que, pour avoir prêté 28 millions à Saïd Pacha, MM. Laffitte et Pinard aient été déclarés ses seuls prêteurs, si bien que le Vice-Roi ne puisse s'adresser qu'à leur refus à d'autres maisons. Par suite d'un sentiment que les circonstances font comprendre, le Vice-Roi a poussé la bienveillance jusqu'à leur proposer une préférence qu'ils n'ont pas acceptée : si le Prince a traité avec la Banque de Saxe, il a usé de son droit. Et quand devant la volonté de la Porte, ils ont persisté à maintenir des conditions impossibles, leur inébranlable résolution a seule amené un autre prêteur à faire ce qu'ils ont rejeté. Il ne saurait donc y avoir pour eux ni droit à indemnité, puisque la préférence ne leur était pas due, ni prétexte à indemnité, puisque la préférence leur a été bienveillamment offerte et qu'ils l'ont repoussée.

Sous quelque rapport que l'on envisage cette contestation, aucun homme raisonnable ne pourra la comprendre.

Le Vice-Roi attend la solution de son arbitre.

DRANEHT BEY.   AD. CRÉMIEUX, Avocat.

JULES FAVRE, Avocat, Bâtonnier de l'ordre.

16 mars 1862.

Paris. — Imprimé par E. Thunot et Cie, 26, rue Racine.

86